Success15 fifteen

サクセス15
May 2016

5

http://success.waseda-ac.net/

CONTENTS

特集①

特集②

REGULAR LESSONS

難関高校受験なら早稲田アカデミー

学大附
募集定員 335名
63名

お茶附
募集定員 約60名
35名

16年連続全国No.1
早慶高
合格者数は
ついに1500名を
突破しました!

7校定員合計約1610名
※No.1表記は2016年2月・3月当社調べ

慶應義塾
募集定員 約370名
282名

慶應湘南
募集定員 約50名
20名

立教新座
募集定員 98名
327名

豊島岡女子
募集定員 90名
75名

中大附属
募集定員 200名
82名

中大杉並
募集定員 300名
187名

中央大学
募集定員 120名
77名

渋谷幕張
募集定員 約55名
79名

西武文理	218
獨協埼玉	24
春日部共栄	30
東京農第一	69
東京農第三	20
成城学園	26
桜美林	53
江戸川取手	123
芝浦工大柏	39
開智	167
大宮開成	110
狭山ヶ丘	70
西武台	76
星野	73
武南	25
淑徳	199
淑徳巣鴨	126
順天	54
関東国際	34
実践学園	53
駒込	68
杉並学院	112
八王子学園	116
広尾学園	100
大東文化第一	20
拓殖第一	136
東京成徳大	24
東京電機大	10
郁文館	54
目黒学院	47
八千代松陰	66

その他多数合格

東京都立校

日比谷	81
西	52
戸山	46
八王子東	17
国立	49
青山	32
立川	31
新宿	34
国際	33
国分寺	38
三田	21
小山台	14
駒場	24

その他多数合格

埼玉県立校

浦和	34
浦和一女	16
大宮	18
川越	16
川越女子	25
春日部	15

その他多数合格

神奈川県立校

横浜翠嵐	13
湘南	6
柏陽	3
川和	3
厚木	9

その他多数合格

千葉県立校

千葉	21
船橋	30
東葛飾	17
千葉東	13
薬園台	8
佐倉	12

その他多数合格

茨城県立校

土浦第一	17
竹園	5

その他合格

お問い合わせ、お申し込みは早稲田アカデミー各校舎または
本部教務部 03 (5954) 1731 までお願いいたします。

information
ーインフォメーションー

早稲田アカデミー
各イベントのご紹介です。
お気軽にお問い合わせください。

中2・3 対象

日曜特訓講座

お申し込み受付中
お近くの早稲田アカデミー
各校舎までお気軽にどうぞ

一回合計５時間の「弱点単元集中特訓」！

難問として入試で問われることの多い“単元”は、なかなか得点できないものですが、その一方で解法やコツを会得してしまえば大きな武器になります。早稲田アカデミーの日曜特訓は、お子様の「本気」に応える、テーマ別集中特訓講座。選りすぐりの講師陣が、日曜日の合計５時間に及ぶ授業で「分かった！」という感動と自信を、そして揺るぎない得点力をお子様にお渡しいたします。

中２必勝ジュニア　中２対象

日程　5/15、6/26、7/10

「まだ中２だから……」なんて、本当にそれでいいのでしょうか。もし、君が高校入試で早慶など難関校に『絶対に合格したい！』と思っているならば、「本気の学習」に早く取り組んでいかなくてはいけません。大きな目標である『合格』を果たすには、言うまでもなく全国トップレベルの実力が必要となります。そして、その実力は、自らがそのレベルに挑戦し、自らが努力しながらつかみ取っていくべきものなのです。合格に必要なレベルを知り、トップレベルの問題に対応できるだけの柔軟な思考力を養うことが何よりも重要です。さあ、中２の今だからこそトライしていこう！

中３日曜特訓　中３対象

日程　5/8、6/12、7/10

受験学年となった今、求められるのは「どんな問題であっても、確実に得点できる実力」です。ところが、これまでに学習してきた範囲について100%大丈夫だと自信を持って答えられる人は、ほとんどいないのではないでしょうか。つまり、みなさんの誰もが弱点科目、単元を抱えて不安を感じているはずなのです。しかし、中３になると新しい単元の学習で精一杯になってしまって、なかなか弱点分野の克服にまで手が回らないことが多く、それをズルズルと引きずってしまうことによって、入試で失敗してしまうことが多いものです。真剣に入試を考え、本気で合格したいと思っているみなさんに、それは絶対に許されないこと！ならば、自分自身の現在の学力をしっかりと見極め、弱点科目や単元として絶対克服しなければならないことをまずは明確にしましょう。そしてこの「日曜特訓」で徹底学習して自信をつけましょう。

本部教務部 03（5954）1731 までお願いいたします。

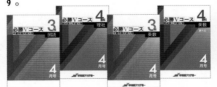

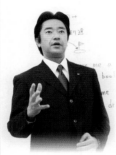

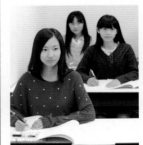

東大百景
トーダイってドーダイ!?

ガリ勉イメージを覆す 個性豊かな東大生たち

VOL.2　text by ケン坊

みなさん、前号の自己紹介を覚えてくれていますか？　そう、髪が赤くてマッチョのケン坊です。

さて、4月といえば進級・進学など、新生活がスタートする季節ですよね。このコラムを執筆している3月時点では私もまだ2年生ですが、みなさんの手元に『サクセス15』の5月号が届くころには、経済学部の新3年生となっています。それにちなんで今回のコラムでは、「私が東大に入学して驚いたこと」について話をしたいと思います。

ここで突然ですが、みなさんに1つクイズです。東大生って1学年に何人いると思いますか？　仮にも「日本一の大学」と呼ばれるぐらいだから100人ぐらい？　それとも500人？　はたまた1000人？

答えはなんと3000人です。思ったよりも東大生って結構いるでしょう？　じつはこの3000人という人数は日本の国立大学でもトップレベルの多さなんです。

なぜこのような話をしたかというと、まさにこれが東大に入学して一番驚いたことだからです。これだけの人数がいるわけですから、とにかく「色々な人」がいるんです。

「色々な人」と聞いてまず一番に浮かんでくるのは「めちゃくちゃ頭がいい人」です。みなさんは、東大生なんだから頭がいいのは当たり前のことじゃないかと思うかもしれません。でも、同じ東大生から見ても、記憶力がずば抜けてよかったり、頭の回転が信じられないぐらい速かったり、何カ国語もペラペラ喋れたり…と、この人には絶対かなわないなという人がいるんです。

次に浮かぶのは「文武両道な人」です。前回も少しお話ししたように「東大生＝ガリ勉」とイメージする人も多いでしょうが、勉強もできるうえにスポーツ面も全国トップクラスという人もたくさんいます。同じくスポーツをやっている私からしたら本当にうらやましい限りです。

さらには「超イケメン（もしくは美人）な人」もいます。頭脳に加えてモデル並みの容姿も持ち合わせているとは、もうなんというか…とにかくズルいとしか言いようがありませんね（笑）。

このように、東大には本当に色々な人がいます。前号でもお伝えしたように、そのなかでもとくにすごいと思った人たちに関しては、下段のコーナーで毎回1人ずつ紹介していきます。

今月のすごい東大生

英語ペラペラの イケメンDJ

今回紹介するのは同学年の友達であるKくんです。彼とは大学入学と同時に知りあったので、もう2年近くのつきあいになります。

そんな彼のすごいところは、まず英語がペラペラであることです。しかも、留学経験などはなく、独学で英語が話せるようになったというから驚きます。ちなみに先日「なんでそんなに英語が話せるようになったの？」と尋ねたところ、「外国人の彼女がいたときが一番英語力が伸びたね」という予想外の答えが返ってきました。愛は国境を超えるとよく言いますからね（笑）。

そして2つ目のすごいところは、DJとしても活躍している点です。好きが高じて東大でDJのサークルを立ちあげたほどで、その行動力にもびっくりします。さらにイケメンで性格もいいので、まさにスキのない東大生といった人物なんです。

どうでしょうか。みなさんもこれを読んで、こんな東大生がいるんだ！　と驚いたことでしょう。次回からも「すごい東大生」を紹介していきますのでお楽しみに！

ぼくの 私の 難関校に受かった先輩に聞く！

合格体験談

岩崎《いわさき》 潤《じゅん》さん

Tukuba Univ. Komaba

筑波大学附属駒場

斉藤《さいとう》 美桜《みお》さん

Keio Girls

慶應義塾女子

高野《たかの》 莉子《りこ》さん

Waseda Jitsugyo

早稲田実業学校

河上《かわかみ》 由衣《ゆい》さん

Hibiya

東京都立日比谷

豊澤《とよさわ》 凛《りん》さん

Yokohama Suiran

神奈川県立横浜翠嵐

だれもが初めて臨む高校受験。志望校の決め方は？　毎日の勉強時間はどれくらい？　スランプってあるの？　勉強方法のコツは？　などなど、知りたいこと、気になることはたくさんあると思います。この特集では、憧れの難関校に合格した5人の先輩にインタビューし、高校受験について色々と語ってもらいました。先輩たちの言葉を参考に、みなさんも、第1志望合格をめざして頑張りましょう。

筑《つく》波《ば》大《だい》学《がく》附《ふ》属《ぞく》駒《こま》場《ば》高等学校 進学

当たり前のことを当たり前に 直前期は体調に気をつけて

岩《いわ》﨑《さき》 潤《じゅん》さん

高校では、部活動や学校行事などに積極的に取り組み、有意義な３年間を送りたいです。

その他の合格校は？

開成
慶應義塾高
渋谷教育学園幕張
慶應義塾志木
早稲田大学本庄
栄東

得意科目は？

英語

塾に入ったのはいつ？

中１の夏

苦手科目は？

数学

合格体験談!! 志望校選び

初めは、高校受験にあたって色々と学校案内を読んでいたら、レベルが高い学校として上位にあったので漠然と名前を知っていたぐらいでした。それが、中１の秋に学校の文化祭に足を運んでみたら、生徒の雰囲気がとてもよくて、自分もここで学んでみたいなと思ったのが筑波大附属駒場を志望したキッカケです。

みんなが文化祭に一生懸命取り組んでいるのがわかったし、掲示などもユーモア、シャレが効いているものがたくさんあって、そういう頭の柔らかい仲間に囲まれて高校の３年間を過ごせたらいいなと思ったんです。

合格体験談!! 大変だったこと

模試でいい点数が取れなかったり、うまくいかなくて落ち込んでしまったときがありました。

そういうときには、塾の先生方をはじめ、色々な人と話すことで、自分にどんなところが足りないか、課題はどんなところかといったことに１つひとつ向きあうことができました。受験が近づいた時期でも模試でいい結果が出なかったこともありましたが、そうやって会話をして課題を自覚し、克服していくことで、受験勉強を乗り越えることができました。

合格体験談!! 受験勉強

中３になるまではとくに、部活動や行事、塾があって忙しかったりしたので、平日は１～２時間しか自宅学習の時間が取れなかったです。そんなときは日常の空いた時間をうまく使っていくことが大切で、細切れに暗記ものをやったりと、できることをしつつ少しずつでも勉強を進めていくことを意識しました。

苦手だった数学は、塾の校舎の先生といっしょに過去問であったり模試であったりを使いながら、限られた時間内で、どの問題に優先的に取り組むべきかなど、どう解いていくべきなのかという振り返りをやりました。

合格体験談!! 受験直前と当日

直前期は体調管理と復習をしっかりすることの２点に気をつけました。遅くまで無理をせず、体調を整えることを意識し、試験会場には、自分のやってきた過去問や自作のノートなど、手になじんだものを持っていきました。復習というよりも、試験前に眺めたりすることで落ち着くことができます。

受験勉強は当たり前のことを当たり前にやることが大切です。基本の積み重ねが発展的な内容や得点力の強化につながるからです。最後まで頑張りましょう。

慶《けい》應《おう》義《ぎ》塾《じゅく》女《じょ》子《し》

高等学校 進学

自分を奮い立たせてくれたライバルの存在が大きかった

斉藤《さいとう》 美桜《みお》さん

英語が苦手のままなので、高校に入ったらそれを克服したいです。

その他の合格校は？
明治大学付属明治
明治大学付属中野八王子
早稲田大学本庄
栄東

塾に入ったのはいつ？
中１の４月

得意科目は？
数学

苦手科目は？
英語

合格体験談!! 志望校選び

慶應女子をめざしたきっかけは、当時、国語を受け持ってくれていた塾の先生のすすめです。本格的に慶應女子を意識しだしたのは中２の３月くらいで、学校について色々と調べているうちに徐々に惹かれていきました。

文化祭に行くまでは、もっとお嬢様学校のような雰囲気があるのかなと思っていましたが、実際に行ってみるととても活気があり、自由な校風だったのでさらに気に入り、入学したい気持ちが高まりました。

合格体験談!! 大変だったこと

ソフトテニス部の練習は毎日あるうえにハードで、勉強との両立が本当に大変でした。練習後、家に着くのが18時半、塾の開始が19時だったので、ご飯を食べたりしていると時間に全然余裕がありませんでした。そのぶん授業は集中して聞いたり、移動中の電車で勉強したりと、限られた時間を効率よく使っていました。また、ずっとライバルとして、仲間として頑張ってきた友だちは慶應女子の推薦入試で合格したのですが、私は落ちてしまったんです。その子と入学式で会おうと約束していたので、自分だけ落ちることがないように最後まで頑張り続けました。

合格体験談!! 受験勉強

元々英語が苦手で、直前期になってもなかなか克服できず、とくに長文問題は思うように成績が伸びませんでした。でも、その時期から苦手を克服するのは難しいと思ったので、英単語だけでも完璧にしようと英単語の暗記に力を入れていました。そして、成績が伸びなくても焦るのはよくないと思い、英語が苦手なぶん、ほかの科目で補おうと冷静に勉強を進めるように心がけていました。中１・中２のころに英語の勉強を疎かにしてしまったせいで、最後の最後まで英語に苦しんでしまったので、もっと早くから英語を頑張っておけばよかったと後悔しています。

合格体験談!! 受験直前と当日

12月ごろに受けたテストの結果が悪く、一度自信をなくしかけましたが、本番とは試験形式も違うから大丈夫だと、気持ちを入れ替えてそれまで通りの勉強を続けていたら合格することができました。

受験本番は緊張するし、自信がなくなることもあると思いますが、１科目ごとに切り替えて次の科目に挑めば結果はついてきます。たくさん勉強しておけば、当日に少し失敗しても自分を信じられると思うので、普段から努力を積み重ねて、自信をつけていってください。

早稲田実業学校《わせだじつぎょうがっこう》

高等部 進学

量より質で部活動と両立 引退後は全力で勉強

高野《たかの》 莉子《りこ》さん

高校では、バレーボール部と、色々な部の大会へ応援にいく応援委員会に入りたいです。

その他の合格校は？

市川
昭和学院秀英
早稲田大学本庄
江戸川学園取手

得意科目は？

英語

塾に入ったのはいつ？

中１の春

苦手科目は？

数学

合格体験談!!

志望校選び

中１のころから、漠然と早稲田大や慶應義塾大に憧れていたことと、大学受験にとらわれない高校生活を送りたいと思っていたので、早慶の附属校をめざすことにしました。そのなかで早稲田実業を第１志望校に決めたのは中３になってからです。それぞれの附属校の資料を読んでいたら、早稲田実業は、共学校でスポーツも学校行事も盛んだと知り、雰囲気が自分に合っていると感じました。説明会に行ったときも、文武両道などの学校目標の話を聞いて、勉強も部活動も学校行事も全部頑張りたい自分にぴったりだと改めて思いました。

合格体験談!!

大変だったこと

中３の夏にバレーボール部を引退するまでは、自宅学習の時間があまり取れませんでした。でも、短い時間でも集中して質を高め、授業で習ったことはその場で覚えるように工夫しました。夏までは部活動に全力で取り組んで、引退後はだれよりも努力すると決めていたので、引退した翌日から塾に行き１日中勉強しました。秋に受けた模試の判定が悪かったときはショックでしたが、また頑張ろうと気持ちを切り替えて、合格する自分を想像しながら勉強しました。

合格体験談!!

受験勉強

英語が得意でしたが、中３の秋に過去問を解き始めたら、レベルの高い長文は意味が読み取れませんでした。それからは毎日２～５題くらい長文に取り組みました。すると秋の終わりには、内容もわかるようになり、読むスピードもあがりました。苦手な数学は、解法を確実に覚えて、予習をしてから授業に臨み、授業後は復習をしっかりすることを心がけて克服しました。でも、いま振り返ると、中１から予習・復習をもっとしておけば、中３になってから楽だったと思います。

合格体験談!!

受験直前と当日

受験本番が近づくと、過去問を解いていましたが、その結果がどうであれ、一喜一憂しないように心がけていました。

当日は、塾の先生や友だちにメッセージを書いてもらったハチマキを持っていって、こんなに応援してくれている人がいるんだと思いながら試験に臨みました。私が合格できたのは、先生や友だち、そして親がいたからです。１人じゃ頑張れなかったかもしれません。受験にはつらいことや苦しいこともありますが、それを乗り越えたら、そのぶん喜びも大きくなるので、最後まで諦めないでください。

東京《とうきょう》都《と》立《りつ》日比谷《ひびや》高等学校 進学

「ここに入りたい」という強い気持ちが原動力に

憧れていた文化祭と、色々なダンスができるというダンス部で頑張りたいです。

その他の合格校は？
お茶の水女子大学附属
淑徳

得意科目は？
社会・理科

塾に入ったのはいつ？
中３になってから

苦手科目は？
数学・英語

河上《かわかみ》 由衣《ゆい》さん

合格体験談!! 志望校選び

文化祭に行ってみて、勉強だけじゃなくて、学校行事も全力でやっているところがいいなって思いました。日比谷は全学年が１クラスずつ劇をやっているのですが、その看板もすごく凝っていて、１年から３年になるにつれてどんどん細かくなっていきます。そういうところまでこだわるのがすごいなって。チラシも熱心に配っていたりと、学力面でのイメージに加えて、それだけじゃないという印象を持ったのが志望校に決めた理由でした。

合格体験談!! 大変だったこと

中３から塾に入って、その時点で部活動と、習いごとでバレエに通っていたので、６月に部活動を引退するまでは、スケジュール的に大変でした。平日はその３つがすべて重なることは基本的にはありませんでしたが、土曜日は朝に部活動、お昼ごはんのあとにバレエ、それから塾、という感じになっていました。ただ、それも楽しかったので、精神的な部分でつらいということはありませんでした。うまくいかないときは、周りの人にバーっとしゃべってスッキリしていました。

合格体験談!! 受験勉強

とにかく英語と数学が苦手でした。英語については長文を読むのが遅かったので、直前期に塾の問題集の長文部分を、問題は解かずにとにかく読むようにしました。長文以外も、基本的な部分で身についていないことが多かったので、塾の先生に言われて自分でまとめノートを作って、まめに見直すようにしました。

数学は、まずわからないことは先生にどんどん聞きにいきました。それと、実際の試験対策として、部分点ですね。全部は解けなくても１点でも2点でももらえるように、わかることはすべて書くようにするということを心がけていました。

合格体験談!! 受験直前と当日

お茶の水女子大附属の試験では、得意の理科の試験開始直前に片方のコンタクトレンズがずれてしまいました。焦るし視界はぼやけるしで「もう終わった」と思いましたが、なんとか乗りきることができました。本命だった日比谷は、過去問であまりいい点数が取れていなかったし、本番でも理科や社会の手応えもなかったんですけど、合格できたのは、「ここに入りたい」という強い気持ちのおかげだったと思います。

志望校に合格したいという気持ちと、受験勉強は１人の戦いではなく、いっしょに頑張ってくれる仲間や先生、家族がいるということを忘れないでください。

神奈川県立《かながわけんりつ》 横浜翠嵐《よこはますいらん》高等学校 進学

限られた勉強時間でも工夫すれば結果が出せる

高校では硬式野球部に入って勉強も部活動も頑張りたいです。

得意科目は？
国語

苦手科目は？
数学

その他の合格校は？
早稲田実業学校
帝京大学高

塾に入ったのはいつ？
中３の５月

豊澤《とよさわ》 凜《りん》さん

合格体験談!!

志望校選び

公立校に行きたいと思い始めたのは中２の終わりごろです。私立の大学附属校への進学も考えてはいましたが、もっと上の大学をめざしたいのなら公立校の方がいいと思いました。横浜翠嵐を希望した理由は、県立のトップ校をめざしたかったことや進学実績の高さもありますが、一番の決め手は宿題が多く出されるなど勉強の面倒見がいいという特徴のある学校だった点です。自分の性格を考えると、生徒の自主性に任せる校風が特徴の、同じく県立トップ校の湘南よりも、しっかりと見てくれる横浜翠嵐の方が合っていると思いました。

合格体験談!!

大変だったこと

部活動と勉強の両立は大変でしたが、それまで解けなかった問題が解けたときの喜びなど、勉強の成果をもっと味わいたいという気持ちがあったので頑張ることができました。また、中３の２学期に入るころにスランプがあり、勉強しても頭に入らないことが多くなりました。夏休みに頑張りすぎて疲労もたまっていたので、一時的に勉強から離れて小説を読むなど、自分の好きなことをして心身ともにリラックスさせたところ、気持ちの切り替えができてスランプから脱出できました。

合格体験談!!

受験勉強

部活動（野球部）を中３の10月ごろに引退するまで、平日はほとんど家庭学習の時間が取れませんでした。

少ない勉強時間で結果を出すために、基礎固めを意識すると同時に、寝る前に英単語を20個覚える、毎日英語の長文問題を１題解くなどノルマを自分で決めて勉強しました。

また、普段の学校生活を楽しむことで気持ちをリラックスさせ、勉強へのモチベーションを維持していました。

合格体験談!!

受験直前と当日

直前期は、とくにケアレスミスに注意していました。一番ミスが多かった数学では、式を丁寧に書くといった基礎基本を意識しました。塾の友人の存在も自分にとって大きな支えで、入試直前の最後の塾の日には「頑張ろうな」とお互いに声をかけあいました。

横浜翠嵐の入試本番は、英語が難しく感じたので、いつも以上に気を引き締めてスペルミスなどがないかを意識しました。合格の秘訣は、最後まで諦めなかったことと、毎日勉強を続けてきたことが大きかったと思います。１秒１秒を大切に、最後の一瞬まで諦めずに自分を信じて頑張ってください。

今日から始める

7つの暗記法

みなさんは暗記は得意ですか？　勉強をしていると覚えることがたくさんあって大変ですよね。そこで、みなさんに試してみてほしい７つの暗記法をご紹介します。もちろん、この暗記法を行えば絶対に覚えられるというものではありませんので、紹介したなかから自分に合う方法を見つけてみてください。

1 音楽を聞きながら暗記

音楽を聞くことに限らず、一般的に「ながら勉強」はあまり推奨されていませんが、まったく音がしない静かすぎる空間だと、かえって集中できなかった…という経験はありませんか？　一度集中してしまえば、周りの音はあまり耳に入ってきませんから、なにか音楽を小さめの音量で流しながら勉強してみる方がはかどるかもしれません。

そして、これから暗記を始めようと思うけどやる気が出ないというときは、好きな音楽をかけてみましょう。好きな音楽を聞くことは、勉強に対するつらさを和らげる効果が期待できます。ただし、あくまでも「ながら勉強」は向き不向きがありますから、状況をうまく見極めてください。

2 空腹時に暗記

１日のなかに暗記に適した時間帯というのがいくつかあります。その１つが空腹時です。「お腹がすいているときに集中できるはずがない」と思って、お腹がすいたらすぐにご飯を食べ始めているそこのあなた。ちょっとご飯を食べるのを我慢して、もう30分、暗記を頑張ってみてください。

じつは、脳の働きは満腹になると低下しがちなので、空腹時の方が暗記に適しているのです。朝昼夜にかかわらず、空腹時であればいいとされるので、朝ご飯前、昼ご飯前、夜ご飯前と１日に３回もチャンスがあることになりますね。空腹時こそ暗記のゴールデンタイムだということを覚えておいてください。

3 意識しながら書いて暗記

ノートに書いた文字の羅列を眺めていても暗記は難しいですよね。英語なら同じ単語が使われている熟語をまとめて、歴史ならその時代に起こった出来事をまとめるなど、暗記事項をグループ化して大枠でとらえてみてください。数学や理科で使う公式や定理は、意味を理解しながら覚えようとすれば、より頭に入ってきやすくなります。

また、覚えた内容を書いてアウトプットすることも効果的ですが、何度書いても覚えられないという人は、ただぼーっと数をこなすだけになっていませんか？　イヤイヤやっていても効果はあがりません。暗記には「これを絶対覚える！」という気持ちも大切なのです。

4 経験記憶で暗記

「経験記憶」というのは、これまで経験したことに基づく記憶です。この経験記憶は、「知識記憶」という知識や情報の記憶（例えば名前など）に比べて、頭から取り出しやすい特徴があるといわれています。つまり、暗記するときには、なにか自分の経験やエピソードと結びつけながら覚えてみて、経験記憶となるように意識するといいということです。例えば、その日覚えたことを家族の前で説明してみたり、友だちといっしょに暗記をしてみたり…。そうすると、いざ問題を解こうと暗記した内容を思い出そうとしたときに、「これはあのとき○○とあんなことをして覚えたな」と記憶をたどりやすくなるはずです。

5 動きながら暗記

脳波の一種である「シータ波」。記憶に関して大切なもので、シータ波が出ると記憶に効果的だというデータがあります。

では、いつシータ波が多く発生するかというと、ネズミによる実験ですが、止まっているときに比べて、ラジコン車を運転しているときや歩いているとき、つまり動いているときに多く発生するという結果が出ています。これが人にもあてはまるとは断言できませんが、例えば部屋を歩きながら暗記をしてみてはいかがでしょう。そして、物事に興味を持っているときにもシータ波は多く出るとされているので、興味を持って勉強に取り組む姿勢が重要なのかもしれませんね。

6 しっかり睡眠をとって暗記

みなさんは、テスト前に一夜漬けをしたことがありますか？　もし徹夜で暗記をして、そのテストを乗りきったとしても、そうして覚えた知識は忘れるのも早いといわれています。

じつは暗記において睡眠時間を削ることは得策ではなく、しっかりと睡眠をとる方が効果的なんだそうです。その理由は、脳は寝ている間に覚えた知識を整理するから。眠っているとき、脳は大切な知識と大切でない知識を判断し整理しているといわれています。高校受験に必要な知識は一夜ではとても覚えきれません。人によって時間は異なりますが、適切な睡眠をとることが、暗記にとっても大切なようです。

7 寝る前に暗記

6でお話ししたように、睡眠が暗記にとって大切ということは、暗記は夜に行う方がよく、朝・昼よりも夜の方が覚えられる知識の量が多いのだろうか、と思ってしまいそうですね。

この疑問にお答えすると、量についてはあまり変わらないようです。しかし、夜に暗記を行うと、そのあとすぐ眠ることによって知識が定着しやすいとはいえそうです。具体的な時間としては、寝る1～2時間前がおすすめです。そうかといって、遅くまで暗記をして、睡眠時間が不十分になっては意味がありませんので注意しましょう。

また、夜ではなく、昼寝の前に暗記をすることも効果的といえるでしょう。

最後に

さまざまな暗記法をご紹介しましたが、いかがでしたか？　自分に向いていそうな方法は見つかりましたか？「暗記は苦手だし、私にはどの方法も合わないよ」と思わずに、少しでも気になった方法があったらぜひ試してみてくださいね。

「でもやる気が起きない…」という人も、やり始めてみればやる気は起きるはず！　そう、物事はやり始めてみると意外にやる気が出てくるものです。一度試してみれば、自分にぴったりな方法が見つかって、暗記が得意になるかもしれませんよ。暗記に限らず、勉強全体に言えることですが、とにかく始めることでやる気が出てくるかもしれませんので、まずはやってみましょう。

埼玉県立 浦和第一女子高等学校

URAWA GIRLS' UPPER SECONDARY SCHOOL

埼玉県 さいたま市 女子校

埼玉県を代表する名門女子校が変革のときを迎えてさらに進化

毎年高い大学合格実績を誇る埼玉県立浦和第一女子高等学校では、これまで以上に合格実績を向上させるために、新カリキュラムの導入をはじめ、さまざまな改革をスタートさせています。ＳＧＨアソシエイト校としての取り組みも充実しており、伝統校がグローバル時代のリーダー校として進化しています。

116年の歴史のなかで世界と日本を担う人材を育成

埼玉県立浦和第一女子高等学校（以下、浦和一女）は、1900年（明治33年）に埼玉県立高等女学校として設立されたのが始まりです。1910年（明治43年）の現在地への移転、1941年（昭和16年）の校名変更などを経て、1948年（昭和23年）に現在の校名となりました。めざすのは「世界で活躍できる知性と教養、逞《たくま》しさを備え、社会に貢献する高い志を持った魅力あるリーダー」の育成です。

平野正美校長先生は浦和一女の教

平野《ひらの》 正美《まさみ》 校長先生

育について、「本校は真の『文武両道』を大切にしてきました。〈武〉で鍛えた心身の強靭《きょうじん》さが〈文〉に活き、〈文〉で学んだ知性が〈武〉に活きてくる。学習面はもちろんのこと、部活動も学校行事も活発に取り組む校風ですので、『文武両道』の真の意味は生徒たちにも浸透していると思います。しかし、これからの

グローバルな時代にはそうしたことにプラスするものが必要だと思います。そこで、感性がしなやかな若いうちに、多様で異質な世界に触れたり、自分が熱中できることに打ち込んだりというさまざまな経験を通して、主体的、協働的に生きる力を身につけていってほしいと考えています」と語られます。

一女祭（体育祭）

体育祭と文化祭からなる一女祭は毎年かなりの盛りあがりを見せます。今年の文化祭は校舎改修工事の影響で、例年より早い7月9日と10日に実施予定です。

一女祭（文化祭）

2016年度から 新カリキュラムを導入

浦和一女のカリキュラムは、1年次が共通履修（芸術科目の選択授業を除く）で、2年次から文系と理系に分かれます。ただし、2016年度（平成28年度）から、カリキュラム内容を大きく変更します。

「大学受験に向けた3年間の道筋がより明確になったと思います。

例えば化学は、1年次に履修するものの、2年次のカリキュラムには設定されていませんでした。理系の生徒の多くは大学受験で化学を使うのに、これでは1年間ブランクができてしまうため、3年間継続して履修できるような編成にしました。また、3年次の文系生徒用カリキュラムは、選択科目の枠を14単位に増やしました。古典、英語、世界史、政治経済などの大学受験で使える科目のほか、家政系、芸術系に進みたい生徒用の科目も設け、選択科目で各自が調整できるようにしました。

カリキュラムの変更に加えて、授業時間を50分に復元する予定です。これらの改革を通して、より大学進学実績が向上することを期待しています。」（平野校長先生）

改革はこれだけにとどまりません。早朝や放課後、長期休業中に開講される「実力養成講座」は、これまで教科ごとの単独講座しかありませんでした。しかし昨年度からは新たに、難関国公立大学をめざす生徒を集めて、土曜日に2次試験対策講座が開かれています。孤軍奮闘状態で勉強していた生徒に同じ目標に向かって頑張る仲間作りの場を提供し、励ましあいや情報共有をしあってもらうことで、受験へのモチベーションを高める狙いがあります。

さらに、3年生の英作文の授業は少人数体制で個々人に対して丁寧な添削を行い、理系の数学では、受験で使うのが数ⅡBまでか数Ⅲまでかによってクラスを分け、目的別の少人数授業を実施しています。

SSHの指定は県内最長に SGHアソシエイトにも指定

浦和一女のSSHへの取り組みは埼玉県で一番古く、13年目を迎えています。参加は希望制で、課題研究のほか、特別講義やフィールドワークなど多彩な取り組みが用意されています。課題研究はこれまで、1年生はグループ研究、2年生は個人研究という形式でしたが、今年度から

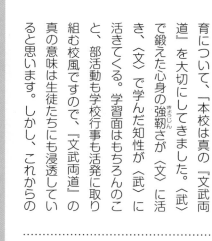

2年生でもグループ研究を可能にしたところ、継続して参加する生徒が増えたといいます。

　平野校長先生は「昨年の1年生は80名の定員を超える人数が集まり、SSHに指定されて以来初めて選考を行いました。国際科学技術フェアに6度目の出場を果たしたり、SSHに参加していた卒業生が東京大の推薦入試に合格したりと、年々さまざまな結果がでています。

　カリキュラムの変更に伴って、理科系科目にSSHの成果を落とし込んだりと、新たな展開も検討しています」と話されます。

　冒頭で平野校長先生が語られた「多様で異質な世界に触れる」ため、国際交流にも力が入れられています。2015年度（平成27年度）からはSGHアソシエイト校の指定を受けており、イギリスのジェイムズアレンズガールズスクール（JAGS）、台湾の台北市立第一女子高級中学と姉妹校提携を結んでいます。

　まず、JAGSとは隔年で相互交流をしています。浦和一女からはイギリス海外研修の一環として、1年生の希望者20名が訪れ、ホームステイをしながらホストシスターとともにJAGSに通います。そして翌年、お世話になったホストシスターを浦和一女で迎えます。ただし、隔年の相互交流では浦和一女生がイギリスに行けない年ができるため、別の学校とも提携し、毎年イギリスに行けるような配慮がなされています。

　一方、台北市立第一女子高級中学とは、修学旅行を通して交流を行います。修学旅行の行き先は、今年の2年生から、沖縄から台湾へ変更になりました。さらに、台湾大をはじめとする現地の大学生とグループを組み、テーマを立ててフィールドワークを行うことも予定されています。

　そのほか昨年は、異なる国出身の留学生10人を招いて「Cross Cultural Talk」という企画を実施しました。

「留学生1人に対して本校生数名という少人数グループを作り、各国の文化などについて語りあいました。留学生のなかには、ウクライナ、カメルーン、バングラデシュなど、普段私たちがあまり出会うことのない国を出身とする学生も多く、自国の文化について熱心に紹介してくれたのが印象的でした。生徒たちも、もっと英語を学びたいという向上心が芽生えたり、日本のことがあまり紹介できなかったという反省点が見つかったりと、得るものは多かったようです。」（平野校長先生）

Cross Cultural Talk

漢文素読

OGによる進路懇談会

特色ある取り組み

　SSHやSGHアソシエイト校としての活動のほかにも、浦和一女にはさまざまな特色ある取り組みがあります。早朝に行われる「漢文素読」（希望者対象）は1年をかけて『論語』を読みきるものです。

SSHフィールドワーク

夏期実力養成講座

SSH特別授業

JAGS生と茶道部の交流

部活動

全国大会常連のアナウンス部や音楽部、ボート部など、文化系、運動系問わず多彩な部活動が活躍しています。アナウンス部は、埼玉県警の振り込め詐欺防止CDの作成に協力しており、交番などでその美声を聞くことができます。

ボート部

マンドリン部

アナウンス部

音楽部

空手道同好会

新体操部

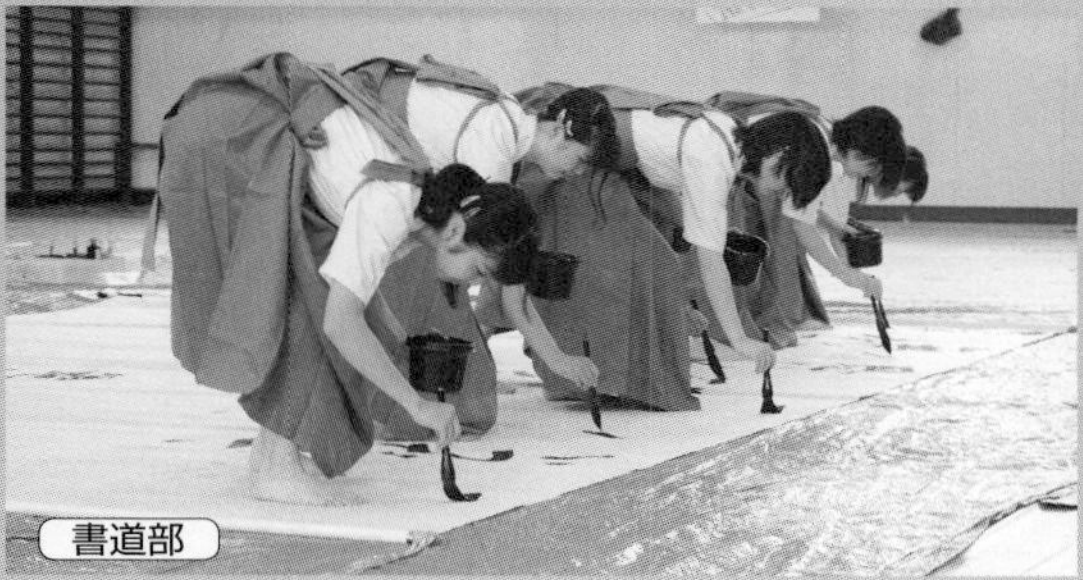
書道部

かるた同好会

他流試合を積極的に行い 内向き傾向を外向きにする

進路指導は学年ごとに配られる『進路ガイダンスノート』などをもとに、きめ細かく実施されています。このノートには年間スケジュールなどのほか、書き込み欄も多く設けられており、担任とのやりとりや決意表明を書き込む欄として活用します。

また、全国模試や定期試験の結果は個人データとして管理されています。それらを長年にわたり蓄積してきたOGのデータと照らしあわせることで、志望校合格に向けての判断材料とします。「OGのデータは本校の財産です」と平野校長先生。

カリキュラムの改編、国際交流の充実など、今後の飛躍が期待される浦和第一女子高等学校。いま積極的に取り組んでいるのは、女子校特有の内向き傾向を外向きにするための他校との交流だそうです。

「他校で行われる講演会に参加し、講演後にみんなでディスカッションをします。他校生の積極的な様子を見て、最初は内向きだった本校の生徒もだんだんとアグレッシブになってきています。関東公立女子SSH指定6校とお茶の水女子大とのコラボも、軌道に乗ってきました。

本校での3年間は、おそらく相当濃密で多忙なものになります。それに耐えられる精神力、体力を持ちつつ、主体性を持ったたくましい生徒を待っています。1人ひとりが持つ才能を世のため人のために活かすためにも、色々な経験を積みながら、人間としての幹をしっかり作っていってほしいです。」(平野校長先生)

School Data

所在地　埼玉県さいたま市浦和区岸町3-8-45
アクセス　JR京浜東北線ほか「浦和駅」徒歩8分、JR京浜東北線・JR武蔵野線「南浦和駅」徒歩12分
生徒数　女子のみ1041名
TEL　048-829-2031
URL　http://www.urawaichijo-h.spec.ed.jp/

2学期制　週6日制(土曜は隔週授業)
月～金曜5時限、土曜3時限
65分授業　1学年10クラス
1クラス約40名

2015年度(平成27年度)大学合格実績 ( )内は既卒

大学名	合格者	大学名	合格者
国公立大学		私立大学	
東北大	2(2)	早稲田大	105(17)
筑波大	7(3)	慶應義塾大	21(4)
埼玉大	13(1)	上智大	39(8)
千葉大	19(3)	東京理科大	65(35)
お茶の水女子大	8(2)	青山学院大	39(5)
東京大	1(1)	中央大	39(9)
東京医科歯科大	2(0)	法政大	61(18)
東京外大	7(1)	明治大	115(31)
東京学芸大	7(2)	立教大	120(14)
東京農工大	9(6)	学習院大	44(7)
横浜国立大	4(1)	国際基督教大	4(1)
首都大学東京	8(0)	北里大	14(4)
その他国公立大	39(15)	その他私立大	668(164)
計	126(37)	計	1334(317)

School Navi No.229

埼玉県　さいたま市　共学校

開智《かいち》高等学校

School Data

所在地	埼玉県さいたま市岩槻区徳力西186
生徒数	男子401名、女子234名
TEL	048-794-4599
URL	http://www.kaichigakuen.ed.jp/koutoubu/
アクセス	東武野田線「東岩槻駅」徒歩15分

新たに3つのコースが誕生

「自立」「創造」「公正」を校訓に掲げ、国際社会に貢献できる人材を育成してきた開智高等学校（以下、開智）。２０１６年度（平成28年度）からこれまでの２類型体制を一新し、３コース制をスタートさせます。新コースは、「Tコース」、「Sコース」、「Dコース」の３つです。

東京大・京都大・国立大医学部をめざす「Tコース」では、探究型の授業を導入することで、課題解決力や判断力など色々な力を養います。

「Sコース」はこれまで開智が培ってきた教育ノウハウをさらに発展、進化させながら、難関国公立大の合格をめざしていきます。

幅広い進路希望に対応する「Dコース」の特徴は、３年次に多数の選択科目を用意している点です。１人ひとりが希望の進路を実現できるような環境を整えています。

授業＋独習＋サポートで着実に実力アップ

開智の教育の軸となるのは授業、独習、サポートです。

まず、独自教材を使用したハイレベルな授業が各教科で日常的に行われています。国語では独自テキスト『論理エンジン』を活用して論理的思考力を高めるとともに、ディベートなどで発信力も育てていきます。数学で扱う問題は教科書に載っているものにとどまらず、生徒の好奇心を刺激し、自ら挑戦したくなるような問題も用意しています。英語の授業では、教科書に加えて独自教材『EJ』を使用し、国際社会で活躍できる本物の英語力を鍛えていきます。

開智では「自ら学ぶ」ことを「独習」と呼び、この独習を大切にしています。独習の習慣を身につけるためにスプリングセミナーや勉強合宿などの宿泊を伴った合宿を実施し、さらに、校内には、１・２年生は午後７時、３年生は午後９時まで利用できる独習室を完備しています。

そして、授業と独習で培った学力をより高めるためにさまざまな「サポート」もしています。職員室には40席以上の机を設置することで、気軽に教員に質問できる環境を整えており、校内のいたるところにある大きな机は、教員と生徒、生徒同士の学びあいの場となっています。また、放課後や長期休暇中に用意されている特別講座も魅力です。

充実した教育環境のもと、新コースもスタートし、開智高等学校はますます発展していくことでしょう。

School Navi No.230

東京都　中野区　共学校

実践学園《じっせんがくえん》高等学校

School Data

所在地	東京都中野区中央2-34-2
生徒数	男子608名、女子525名
TEL	03-3371-5268
URL	http://www.jissengakuen-h.ed.jp/
アクセス	地下鉄丸ノ内線・都営大江戸線「中野坂上駅」徒歩5分、JR中央・総武線「東中野駅」徒歩10分

夢の実現をサポートする魅力的な教育環境

今年、創立90年を迎えた実践学園高等学校（以下、実践学園）。生徒の夢の実現をサポートするため、独自の教育を展開しています。

実践学園では、コース制を採用し1年次から「特別進学コース」と「文理進学コース」に分かれて学びます。

「特別進学コース」は、5教科7科目受験に対応したカリキュラムが組まれ、授業に加え、長期休暇中の勉強合宿なども活用して、確かな学力を身につけていきます。2年次からは文系・理系に分かれます。

「文理進学コース」は、勉強と部活動を両立しながら、難関大をめざせるコースです。特別進学コース同様、2年次から文系・理系に分かれますが、そのほかに英語クラス、スポーツクラスが設置されるのが特徴です。英語クラスは、高い英語力を身につけ、英語に特化した大学進学をめざします。スポーツクラスは、野球部とサッカー部の部員で構成され、週に3日間は高尾研修センターで学び、授業後すぐに、隣接したグラウンドで部活動に励みます。

生徒の学習意欲に応える J・スクールと自由学習館

授業以外にも、放課後に「J・スクール」という講座が実施され、生徒の学力を向上させています。授業の復習を主とするものから、発展的なもの、志望大学別のものまで、さまざまな講座が用意されています。

「J・スクール」や生徒1人ひとりの学びの環境として中心となるのは、「自学自習学習室」の充実した自由学習館です。学習参考書等も多く置かれ、生徒の自学自習、自調自考の姿勢を養っています。自由学習館には、ほかにも、教員の指導を受けながら授業の予習、復習を行える「予習・復習学習室」、約1万5000冊の蔵書を利用して学べる「読書・調べ学習室」があります。

また、最先端の学びに触れる「大学模擬授業」、興味・関心のあるテーマについて研究する「課題研究レポート」、多彩な語学研修・留学プログラムも実施されています。

丁寧な指導体制も魅力で、模試結果を分析し、授業への取り組み方やJ・スクールの受講などに関して、個々にアドバイスする体制を整え、海外の大学への進学を支援する「海外大学進学相談室」も設けています。

生徒の学ぶ意欲に応える教育環境と、きめ細やかな指導体制が魅力的な実践学園高等学校です。

FOCUS ON

東京都　公立　共学校

東京都立 国《こく》際《さい》高等学校

TOKYO METROPOLITAN KOKUSAI HIGH SCHOOL

異文化と出会う魅力的な環境で生徒に合わせた丁寧な教育を展開

国際学科高校として、高度な外国語能力を育成する語学系科目と、比較文化や国際関係など、グローバルな視点に立った多様な専門科目がある東京都立国際高等学校。新たに「国際バカロレアコース」が設けられ、国際化する社会に対応した教育のさらなる展開が期待されます。

荻野《おぎの》　勉《つとむ》　校長先生

School Data

所在地
東京都目黒区駒場2-19-59

アクセス
京王井の頭線「駒場東大前駅」徒歩5分、京王井の頭線「池ノ上駅」徒歩8分

TEL
03-3468-6811

生徒数
男子155名、女子567名

URL
http://www.kokusai-h.metro.tokyo.jp/

- 3学期制
- 週5日制
- 7時限
- 45分授業
- 1学年6クラス
- 1クラス約40名

国際理解教育のパイオニア 都立初の国際学科高校

東京都立国際高等学校（以下、国際高）は、1989年（平成元年）に都立高校で初の国際学科高校として創立されました。

教育理念には「調和のとれた国際感覚を身につけ、世界の人々から信頼され、尊敬される人材の育成を目指す」と掲げられています。

生徒は、都内の中学校出身者、海外帰国生徒（日本人学校・現地校出身者）および在京外国人生徒で構成されています。世界30数カ国にもおよぶさまざまな文化のなかで育った海外帰国生・在京外国人生徒が全校生徒の約3割を占めるので、日々の学校生活自体が異文化との出会いといえるでしょう。

荻野勉校長先生は「本校が創立された背景には、国際都市東京における国際理解教育の必要性がありました。海外で暮らし、高い英語力を身につけた生徒が日本に帰国した際、その英語力を維持発展させるための受け皿が必要だったのです。そうした生徒を受け入れ、日本で育った生徒たちもいっしょに学ばせることで切磋琢磨させるのが本校です。異文化と出会う環境で、相対的に文化を見る目を養い『世界の人々から信頼され、尊敬される』生徒を育てるのが我々の使命です」と話されました。

普通教科と専門教科 2本柱のカリキュラム

国際高は国際学科のみの専門高校です。カリキュラムは、国語や数学などの普通教科と『外国語』『国際理解』『課題研究』の分野からなる専門教科で構成されています。

『外国語』では、英語に加え、ドイツ語や中国語などを学べる「第2外国語」が用意されています。

『国際理解』は「比較文化」「日本文化」などの文化理解群、「国際関係」「地域研究」などの社会理解群、「環境科学」などの環境・表現群の科目に分かれます。「比較文化では、民族衣装を見て、どれが美しくどれが美しくないと感じるかを話しあい、『美』と『醜』の感覚には文化的な背景が大きく影響することを学んだり、地域研究では国内にあるイスラム教寺院やコリアンタウンなどに行き、実際に異文化に触れたりしています」と荻野校長先生。

『課題研究』は、2年次と3年次に1本ずつ、計2本の論文を書き、それぞれ年度末に発表を行います。「生徒には『課題研究』を通じて、

FOCUS ON

自ら課題を発見しリサーチする力、そして論理的に考える力を身につけ、自らの知を深めていってほしいと思っています。」（荻野校長先生）

生徒を伸ばす授業とサマーキャンプ

海外、日本とそれぞれに異なる教

部活動

チアリーディング部

女子バレーボール部

アーチェリー部

部活動の加入率は約85％です。とくにチアリーディング部の活動が活発で、全国レベルで活躍しています。

授業風景

国際理解科目（日本文化）

奉仕活動

国際学科高校として、各国の文化を学ぶ授業があります。また、総合的な学習の時間では、1年次は奉仕活動、2・3年次は課題研究に取り組みます。

育を受けてきた生徒が集まる国際高では、教科によって生徒のレベルに大きな差が出てしまいます。そのため、多くの科目で、レベル別の多展開授業を実施しています。

例えば英語では、最大で2クラスを5つに分けて授業を行います。非英語圏から帰国し日本語についてもフォローが必要な生徒を集めたクラスから、ネイティブスピーカーと同じレベルで話せる生徒を対象としたクラスまで、生徒のレベルにきめ細かく対応しています。

ほかにも、特徴的な取り組みとして、高1で行われる2泊3日の「イングリッシュサマーキャンプ」があります。日本語は一切禁止され、すべての会話は英語で行われます。レベル別に班に分かれ、ネイティブスピーカーの教員とともに英語でディベートや発表に挑戦します。

「本校の生徒は、日本で育った子でも英語が得意な生徒が多いですが、英語のみで過ごすのは大変ですし、英語圏にいた生徒には引け目を感じてしまうようです。しかし、そうした経験を積むことで、一皮も二皮もむけて大きく成長できます。」（荻野校長先生）

そのほか、オーストラリアにある学校や、韓国にある姉妹校などとの

行事

イングリッシュサマーキャンプ

シドニー語学研修

国際交流

英語力を高めながら仲間との親睦を深めるイングリッシュサマーキャンプ、海外の文化に関する展示やオリジナルの劇を発表する桜陽《おうよう》祭などの行事があります。

体育祭

桜陽祭

スピーチコンテスト

国際交流も行われています。

また、２０１５年度（平成27年度）に協定を結んだ国際基督教大（ＩＣＵ）との連携教育も今後行われる予定です。

フルディプロマをめざす「国際バカロレアコース」

創立以来、国際理解教育のパイオニアとして教育を展開してきた国際高に、２０１５年度、新たに「国際バカロレア（ＩＢ）コース」が誕生しました。

国際バカロレアとは、スイスにある「国際バカロレア機構」が提供する国際的な教育プログラムで、所定の課程を履修し、統一試験で原則24点以上（45点満点）をとることで、海外大学への入学資格である「フルディプロマ」を得ることができます。

国際高の「ＩＢコース」の入試は一般入試とは別に行われ、募集人員は25名。日本の高校の卒業資格も取得できますが、全員が海外大学をめざすことが前提です。カリキュラムは、1年次は、国語、日本史、体育などを除き、数学や理科といった必修科目の多くを英語で学習し、2年次からＩＢの科目であるディプロマ・プログラム（ＤＰ）を学びます。ＤＰでは、すべての授業が英語で行われ、

「言語と文学」「個人と社会」といった6つのグループから1科目ずつ選択する計6科目と、論文作成など3つの必修要件を履修し、3年次の11月に統一試験を受験します。

「IBスクールには、探究する人・思いやりのある人・挑戦する人といった生徒に求める10の学習者像が設定されています。本校の教育を通して、IBコースの生徒だけでなく、一般の生徒にもこうした人をめざしてほしいです。」（荻野校長先生）

推薦入試や海外大学など生徒の希望に丁寧に対応

進路指導では、1年次は職業を知るキャリアガイダンス、2年次は大学の分野別説明会、3年次は大学ごとの説明会が行われています。キャリアガイダンスでは、保護者が講師を務めます。国際高の保護者には、国際関係や医療など、さまざまな分野で活躍する方が多くいます。

大学進学における特徴は、国際教養系の大学・学部への進学、とくに、早慶上智ICUに強いことです。毎年、これらの大学への合格者数は130名近くに上り、うち約半数は、AO・推薦入試での合格者です。他大学を含め、全体的には例年12月までに100名近くが合格を決めます。これは、個別に丁寧な論文指導を行うなどのAO・推薦入試指導が充実していることの表れです。

また、IBコース創設以前から、例年10～20人ほどが海外大学へ進学していました。進路指導部には、海外大学への進学を専門に指導できる教員もおり、生徒をサポートする体制がしっかりと整えられています。

多彩な文化的背景を持った生徒が集まる環境で、個々のレベル、希望に合わせたきめ細やかな教育を展開する東京都立国際高等学校。

最後に荻野校長先生は「本校の最大の魅力であり、創立以来大切にしてきたのは多様性です。多様性を楽しみ、多様性のなかで自分の能力を開花させようという生徒を待っています」と話されました。

IBコース

授業風景

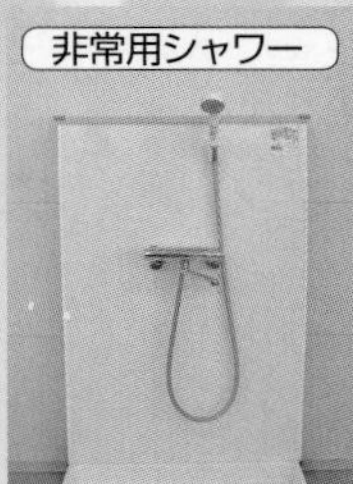
非常用シャワー

目を洗うための洗面台

壁に貼られた学習者像

化学実験室

IBコースの化学実験室には、薬品などが身体にかかった際に洗い流すための非常用シャワーや目を洗うための洗面台の設置が義務づけられています。国際高でも、そうした設備が整えられ、教室の壁には求められる学習者像が貼られています。

施設

講堂

小教室

図書室の英語雑誌

多展開授業が行われる小教室、スピーチコンテストなどで利用する講堂、英語雑誌が多くある図書室などの施設が整っています。

2016年度（平成28年度）大学合格実績 （）内は既卒

大学名	合格者	大学名	合格者
国公立大学		私立大学	
北海道大	1(1)	早稲田大	50(4)
筑波大	3(0)	慶応義塾大	33(2)
東京外大	4(1)	上智大	44(1)
東京学芸大	1(0)	東京理科大	1(0)
東京芸大	1(0)	青山学院大	21(0)
東京工大	1(0)	中央大	16(1)
一橋大	1(1)	法政大	14(3)
国際教養大	5(0)	明治大	26(2)
横浜国立大	1(0)	立教大	23(0)
横浜市立大	1(0)	学習院大	6(1)
首都大東京	3(0)	国際基督教大	11(0)
その他国公立大	4(3)	その他私立大	120(0)
計	26(6)	計	365(14)

※2016年3月22日までの合格者数

基礎学力の「穴」をチェックし
早めに埋めて前に進もう

新年度となり、3年生のみなさんにとっては「受験学年」が始まりました。
未来への架け橋となるこの1年、きちんと勉強できるのか、不安を感じている人もいるでしょう。
これからしっかりと成績を伸ばすために、
この時期にチェックしておくべきことがあります。

和田式教育的指導

開いている「穴」は放っておくと危険

中3の4・5月にしておくべきことは、自分の勉強のスタートレベルのチェックです。中2までに勉強した内容の、基礎的な問題集を解いてみてください。苦手な分野や弱点、理解が足りないと感じる範囲はないでしょうか。もしあれば、それは、中3のスタートに立つまでに身につけておくべき基礎学力に、「穴」が開いているということです。

「穴」を放置しておくと危険です。そのままだと、これから中3の勉強を進めていくうちに、「穴」のせいで成績が伸び悩んだり、不安を感じたりすることがあるかもしれません。学年の始まりであるいまぐらいの時期に、まずは「穴」をしっかり埋めておくことが、受験勉強にはとても重要なのです。

「穴」を埋めていけば必ず結果につながる

基礎学力を見直すと、さまざまな気づきにつながります。例えば、英語が苦手、数学が苦手、と思い込んでいたとしても、中1の授業を受けてみると、「あれ？意外と簡単じゃないか」と感じることがあります。つまり、できないところがあって苦手だな、理解が足りないな、と感じることがあっても、そのできないところまで戻って、できるようにすればいいわけです。

これは、大学受験においても同じことがいえます。いまどんなに成績が悪くても、できないところまで戻って1つひとつをできるようにしていけば、東京大合格も夢ではありません。2浪、3浪という結果になってしまう受験生は、わからないところがあるまま勉強を続けているからでしょう。受験勉強は、わからないところを着実につぶす、つまり「穴」を埋めてから行えば、必ずいい結果につながるはずなのです。

いまやるか否かが今後大きな差を作る

ある中高一貫校の例をお話ししましょう。入学時の合格ラインでいうと、高くはない学校です。ところが、卒業時には、

和田秀樹

1960年大阪府生まれ。東京大学医学部卒、東京大学医学部附属病院精神神経科助手、アメリカのカールメニンガー精神医学校国際フェローを経て、現在は川崎幸病院精神科顧問、国際医療福祉大学大学院教授、緑鐵受験指導ゼミナール代表を務める。心理学を児童教育、受験教育に活用し、独自の理論と実践で知られる。著書には『和田式　勉強のやる気をつくる本』（学研教育出版）『中学生の正しい勉強法』（瀬谷出版）『［改訂新版］学校に頼らない和田式・中高一貫カリキュラム』（新評論）など多数。初監督作品の映画「受験のシンデレラ」がモナコ国際映画祭グランプリ受賞。

Hideki Wada

成績トップの生徒が国公立大学へ、最下位の生徒も中堅上位大学に進学するなど、良好な実績を残しています。また、現役生にも、医大や東京大、東京工大など難関大学の合格ラインにいる生徒が多数います。

　この学校がどのような工夫をしているかというと、中1の夏休みが終わるまでに、生徒たちに中学受験用の国語や算数を解かせているんです。基礎学力を十分につけさせてから、受験に向けての勉強を始めています。それが、結果につながっているわけです。みなさんも、参考にしてみてはいかがでしょうか。基礎学力をチェックしないと、その後の勉強がムダになってしまうかもしれません。いまの時点で中1からの、あるいは中学受験用の問題集を復習して、スラスラ解けるか試してみましょう。

　自分の「穴」に気づき、それを早めに埋めることで、今後の伸び方に大きく差が出るはずです。

和田先生のお悩み解決アドバイス

QUESTION

部活動の引退時期
いつにするかで迷う

ANSWER

まずは勉強への影響がどれほどあるか確認を

いま所属している部活動に、どれほどの時間を費やしているのか考えてみましょう。土日も含め、毎日のように行われる活動なのか。それとも、週3日程度、陽が沈むまでにはきっちり終わるような活動なのか。そのボリュームにより、勉強への影響度合いは大きく異なるかと思います。そんなに時間が取られていないと思うのであれば、可能な限り続けていいのではないでしょうか。逆に、多くの時間が取られているようであれば、勉強との両立は難しいかもしれません。

もう1つ、活動内容についても考えてみてください。例えば、運動部に所属しているとします。適度に身体を動かすことがリフレッシュとなり、勉強のメリットになっていると感じられるのであれば、続けることをおすすめします。逆に、激しい運動で身体が疲れ、勉強にならないようなら諦めてください。さらに現実的なことを言うと、自分の学力が志望校の合格ラインに対し、かなり厳しいのであれば、「部活動に時間を割いてはいられない」と必然的に気づけるでしょう。

教えてマナビー先生！

世界の先端技術

pick up!!

民間ロケット

▶マナビー先生 プロフィール

日本の某大学院を卒業後、海外で研究者として働いていたが、和食が恋しくなり帰国。しかし科学に関する本を読んでいると食事をすることすら忘れてしまうという、自他ともに認める“科学オタク”。

民間で制作のロケット打ち上げに日本の小さな会社が挑戦している

ロケット開発というと、巨額のお金がかかる国家的なプロジェクトだと思っていないだろうか。しかし、いまではアメリカのロケットも民間企業に打ち上げを託すようになっているんだ。

じつは、日本でも小さな会社がロケットを打ち上げようとしていて、実際にあと１歩まできている。

今回は、インターステラテクノロジズ株式会社（以下、IST）と言って、エンジニアたった10人の会社が、いよいよ打ち上げるロケットの話だ。

北海道の大樹町に実験場をかまえるこの会社は、現在、エンジンの燃焼実験を繰り返し行っている。高度100km以上のことを宇宙空間と呼び、そこに達するには約1分間エンジンを燃焼させ続ける必要がある。2016年（平成28年）1月には5秒と15秒の燃焼実験をそれぞれ行い、3月4日には50秒間の燃焼実験に成功、さらに同14日には、打ち上げに必要な燃焼時間を上回る100秒間の燃焼実験を成功させた。いよいよ夏には、宇宙空間まで観測機器を載せた「観測用ロケット」を打ち上げ、そのあとの自由落下で無重力の研究も行う計画だ。

このISTの観測用ロケットは、重さが0.7ｔだけれど、さらに開発予定の小型衛星軌道投入用ロケットでも重量は約35ｔ。これは、これまでのロケットに比べると格段に小さい。

JAXA（宇宙航空研究開発機構）が打ち上げているH-ⅡAロケットは重量約290ｔ、イプシロンロケットは約91ｔだから、サイズには大きな違いがある。

ISTが打ち上げるロケットのイメージ（画像提供・IST）

社長の稲川貴大さんは、JAXAが打ち上げているH-ⅡAロケットと自社ロケットとの差を「４ｔトラックとバイク便」と語っている。宇宙空間にものを運ぶのに、バイク便みたいに気軽に使うことができるロケットをめざしているんだね。

ISTのロケットは、アルコール（エタノール）と液体酸素を燃料にした小さなロケットだ。燃料を霧状に噴射して燃やす機構自体、世界では1970年代に確立していたのだけれど、それを参考に、実際にロケットが飛ぶようにするのには大変な苦労があったそうだ。たゆまぬ研究努力の結果、ISTのロケットはシンプルな構造になり、低コストで作ることができるようになった。

昔は国家レベルで取り組まないと作れなかったロケットが、民間でもできるようになったのは、「半導体の進歩が欠かせなかった」と稲川さんは話している。ロケットを制御するための複雑な電子装置が小さくなり、軽く簡単に作れるようになったおかげというわけだ。軽くなったぶん、たくさんの観測機器を乗せることができるようになったんだ。

この夏、北海道での打ち上げ成功のニュースを心待ちにしたいね。

※このページは31ページから読んでください。

① good　② great　③ red　④ goose

問３　Mr. Smith (put) the report on the desk two days ago.

① cut　② shut　③ cook　④ dog

問４　Tom has (know) Ellen for more than ten years.

① shoe　② saw　③ slow　④ few

この単語力を判定する問題は、基礎とはいえ、そう易しくはない。発音を問うだけでなく、文法力もからめている。

まず、最初に（　　）内の動詞を確認する。現在形でいいのか、過去形や過去分詞形に変えるのか、その判断が第１段階で、次にその動詞の発音を確認する、それが第２段階だ。そして、選択肢①～④の単語の発音をしっかりと思い出して、正答を再確認する――そういう手順で答えを決めよう。

問１は、文末にyesterdayとあるから、過去の文だ。(fly)を過去形にしなければならないぞ。

In spite of the bad weather, the plane (fly) to Sapporo yesterday.

＝悪天候にもかかわらず、昨日、飛行機は札幌へ（飛ぶ）。

（飛ぶ）は（飛んだ）が正しいのだから、(fly) の過去形（flew）に変えるわけだ。これが第１段階。次にflewの発音の母音の部分を確認する。これが、第２段階だ。

flewの発音は<flúː>で、母音はuː。①のcried（叫んだ）は<kráid>で、ai。②のbreak（分断する）は<bréik>で、ei。③through（～を通り抜けて）は<θrúː>で、uː。④のbook（本）は<búk>で、u。

一致するのは③だね。ん？「④だってuだよ、これも正解じゃん」という声が聞こえるぞ。いやいや、<uː>と<u>は異なるんだ。<ː>は<長く発音する>というサインで、<u>なら短い（短母音）だが、<flúː>は長く伸ばして言う（長母音）のだよ。

正解　問１　③

問２もlast monthとあるから過去の文で、(make) は過去形（made）になる。念のため、文意を記しておこう。

Jack (made) a speech at the party last month.

＝ジャックは先月パーティーでスピーチをした。

① good　② great　③ red　④ goose

made（した）は<méid>で、母音はei。①のgood（よい）は<gúd>で、u。②のgreat（大きい）は<gréit>で、ei。③のred（赤い）は<réd>で、e。④のgoose（ガチョウ）は<gúːs>で、uː。eiは②だね。

正解　問２　②

問３もtwo days agoとあるから過去の文だね。(put)を過去形にしなければならない。といっても、putは無変化動詞だから、過去形でも完了形でもputだ。

Mr. Smith (put) the report on the desk two days ago.

＝スミスさんは２日前に報告書を机の上に置いた。

① cut　② shut　③ cook　④ dog

putの発音は<pút>で、母音はu。①のcut（切る）は<kʌ́t>で、ʌ。②のshut（閉める）は<ʃʌ́t >で、ʌ。③のcook（料理をする）は<kúk>で、u。④のdog（犬）は<dɔ́ːg>だが、<dɑ́g>でもいい。ɔːかɑ́。

正解　問３　③

最後に問４だ。これは現在完了の文だね。(know) を過去分詞形にしなければならない。そう、(known) に変えるんだ。

Tom has (known) Ellen for more than ten years.

＝トムは10年以上も前からエレンを知っている。

knownの発音は<nóun>で、母音はouだ。

① shoe　② saw　③ slow　④ few

①のshoe（靴）は<ʃúː>で、uː。②のsaw（見た）は<sɔ́ː>で、ɔː。③のslow（遅い）は<slóu>で、ou。④のfew（少ない）は<fjúː>で、uː。

正解　問４　③

ん？　ʌ、æ ……なんだ、この字は？　と思った人もいるだろう。音声記号（発声記号）を教わっていない人は困惑してしまうね。ʌやæなどは発音を表す記号で、日本語に慣れ親しんだ耳には、どちらも「あ」に聞こえがちだ。

生まれてからずっと１つの言語だけを耳にしてきた人は別の言語を聞くときにも話すときにも、脳は自分のなじんできた音で処理してしまう。これは頭の良し悪しではなく、慣れているかいないかだ。

英会話やリスニングの授業はどの中学校でも熱心に行われていて、英語を聴き取る力や話す力を高めているだろう。けれども、英単語１語１語の発音については、ややおろそかにされている場合がある。

来年受験する志望校を決めたら、すぐにも過去問を調べて、発音問題が出されているかどうか確かめて、必要な勉強をしておこう。

※このページは31ページから読んでください。

次は神奈川県の問題だ。

次の英文は，エミ（Emi）と彼女のお母さんの対話です。対話文中の（ア）～(ウ)の（　　　）の中にそれぞれ適する１語を英語で書きなさい。ただし，答えはそれぞれの（　　　）内に指示された文字で書き始め，一つの_に１文字が入るものとします。

Emi's mother：When will your friend Jenny come to our house next week ?

Emi：She said she wanted to come next (T________)(ア).

Emi's mother：On that day we will visit Grandmother's house in the afternoon. So the next day will be (b______)(イ).

Emi：Then, I'll tell Jenny to come next Friday. Can I make a cake for her?

Emi's mother：That sounds nice. You can ask Grandmother how to make a cake. She often (t______)(ウ) me how to make cakes when I was young. Her cakes were very good.

Emi：OK. I'll ask her to teach me.

問題文を訳しながら、解いていこう。

Emi's mother：When will your friend Jenny come to our house next week ?

＝エミの母「お友だちのジェニーさんは来週のいつ家《うち》に来るの？」

Emi：She said she wanted to come next (T________)(ア).

＝エミ「次の(T________)(ア)に来たいって言ってたわ」

（ア）は易しいね。友人の来訪する日で、Tから始まる単語は火曜日（Tuesday）か木曜日（Thursday）だが、８文字だからThursdayしかない。

正解	（ア）　Thursday

Emi's mother：On that day we will visit Grandmother's house in the afternoon. So the next day will be (b______)(イ).

＝エミの母「その日は午後におばあちゃんの家に行くのよ。そうね、次の日が（b______)(イ)」

（イ）は会話の流れを考えてみよう。母親は、木曜日は外出予定（＝祖母宅の訪問）があるからその翌日が（b______)(イ)だ、と言っている。つまり、次の日がいいというのだ。

いいというのはgoodだが、頭文字はｂでないし、文字数も４文字で合わない。goodの近似語でｂから始まる６文字の語といえば、goodの比較級betterがある。これなら、「(木曜日よりも）いいわよ」というわけだ。

正解	（イ）　better

Emi：Then, I'll tell Jenny to come next Friday. Can I make a cake for her?

＝エミ「じゃあ、金曜日に来てってジェニーに言うわ。ジェニーにケーキを作ってあげていいかな？」

Emi's mother：That sounds nice. You can ask Grandmother how to make a cake. She often (t______)(ウ) me how to make cakes when I was young. Her cakes were very good.

＝エミの母「それは素敵ね。ケーキ作りを教えてとおばあちゃんに頼みなさいよ。
私の子どものころはよくケーキ作りを（t______)(ウ)。おばあちゃんのケーキはおいしいのよ」

Emi：OK. I'll ask her to teach me.

＝エミ「うん、教えてって頼もう」

（ウ）は、教える＝teachだ、と早合点してはならない。頭文字のtはいいのだが、５文字ではなく、６文字でなければならない。

エミの祖母が教えてくれたのは、母の子どものときであり、過去の話だ。だから、teachではなくて、過去形が正しい答えだ。

正解	（ウ）　taught

千葉県、神奈川県と公立校を取り上げたので、埼玉県は私立校にする。開智の問題を見てみよう。

以下のそれぞれの英文（　　）内の動詞を適切な形に直したときの母音と同じ発音を含む語を１つ選び、番号で答えなさい。　※設問一部省略

問１　In spite of the bad weather, the plane (fly) to Sapporo yesterday.
①cried　②break　③through　④book

問２　Jack (make) a speech at the party last month.

教育評論家 正尾佐の

高校受験指南書

英語 【百十参の巻】今年出た基礎問題2

今号は、「今年出た基礎問題」の第２弾で、英語を取り上げる。まず、公立校の問題を見よう。首都圏に限らず、公立校の英語入試は、最初にリスニング問題が出される。リスニングが苦手だと、出だしでつまずきやすく、続くペーパーテストでも、できるはずの問題が解けなかったり、不注意なミスを犯したりしがちだ。だから、「どうせリスニングは聞く練習をしていても、すぐに飽きて身が入らない。ほかの勉強をしよう」と、諦めてはいけない。どんなに嫌でも、英会話や英文朗読をBGM代わりに聞くなどして、英語を話す口調に耳を慣らし（←これ、結構効果があるんだよ）、なんとしてもリスニング力を高めるようにしよう。

さて、英語の基礎問題といえば、なによりも単語問題だ。千葉県（前期）では、以下のような問題が出された。

次の⑴～⑷の英単語を，それぞれのヒントと例文を参考にして完成させなさい。ただし，英単語の□には１文字ずつ入るものとします。なお，例文の（　　）にはその英単語が入ります。　※設問一部省略

⑴　b□□e
　ヒント　the color of the clear sky on a nice day
　例　文　My favorite color is (　　　).

⑵　e□□□□□d
　ヒント　very happy or interested because something good will happen
　例　文　I was very (　　　) to see a famous musician.

⑶　c□□□□□□e
　ヒント　to keep doing something without stopping
　例　文　Linda could not (　　　) playing the game.

⑴のヒントと例文の意味は、

the color of the clear sky on a nice day
＝よい天気の晴れた空の色

ヒントだけでわかるね。青、ブルー、blueだ。例文も、

My favorite color is (　　　).
＝私の好きな色は（青）だ。

正解　⑴　b(lu)e

⑵のヒントと例文の意味は、

very happy or interested because something good will happen
＝なにかいいことがありそうなのでとても楽しかったり心ひかれたりする

I was very (　　　) to see a famous musician.
＝私は有名なミュージシャンを見てとても（　　）た。

例文を読むと、＜胸がわくわくする＞というような意味だろうと推測できるね。そういう意味でeから始まる語といえば…エキサイトだとひらめかないかな？

ただし、エキサイト＝exciteといっても、<興奮させる・ドキドキさせる>という意味だから、is excited（＝興奮させられる・ドキドキさせられる）としなければならないよ。

正解　⑵　e(xcite)d

⑶のヒントと例文の意味は、

to keep doing something without stopping
＝中止せずになにかをやり続けること

Linda could not (　　　) playing the game.
＝リンダはゲームをするのを(　　　)ことができなかった。

＜し続ける＞は、keepとかgo onなどがあるが、もう１つcontinueを覚えておこう。大学入試の英文でもよく用いられている。

正解　⑶　c(ontinu)e

国語 東大入試突破への現国の習慣

田中コモンの今月の一言！

中学生に求められる「ノート」には、授業前の準備が欠かせないのです！

田中《たなか》 利周《としかね》先生

早稲田アカデミー教務企画顧問

東京大学文学部卒。東京大学大学院人文科学研究科修士課程修了。文教委員会委員。現国や日本史などの受験参考書の著作も多数。

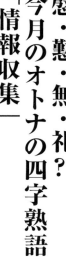

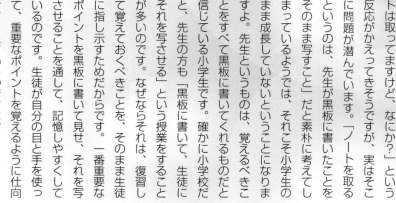

慇・懃・無・礼?! 今月のオトナの四字熟語 「情報収集」

「情報化社会」などと呼ばれるようになってからすでに久しいですが、中学生の皆さんが置かれている状況というのは大変だとつくづく思いますよ。他人ごとのようで申し訳ございませんが、筆者が中学生だった頃に比べると、それはもう飛び交う情報の量が比較にならないほど増大していると思います。そりゃそうでしょうね、筆者が中学生だった昭和の時代は、スマホはもちろん携帯電話も存在していませんでしたし、インターネットに接続して瞬時に世界中の情報にアクセスできるなんて、SFの世界の中でもまだ描かれていませんでしたよ。ですから今回取り上げた「情報収集」ということについて、生まれたときから「ネットで検索すれば答えが見つかる」という環境で育ってきた皆さんに対して、どうすればうまく情報収集ができるか？ というテクニックの観点でオハナシをするつもりは毛頭ございません（笑）。そうではなくて、筆者が中学生だった頃と変わることのない、学校の授業中における態度について話してみたいと思います。そう、皆さんに「ノートを取る」ということについて考えてもらいたいのです。

「ノートを取ることを覚えましょう！」なんて言いますと「小学生の頃からノートは取ってますけど、なにか？」という反応がかえってきそうですが、実はそこに問題が潜んでいます。「ノートを取るというのは、先生が黒板に書いたことをそのまま写すこと」だと素朴に考えてしまっているようでは、それこそ小学生のまま成長していないということになりますよ。先生というものは、覚えるべきことをすべて黒板に書いてくれるものだと信じている小学生です。確かに小学校だと、先生の方も「黒板に書いて、生徒にそれを写させる」という授業をすることが多いのです。なぜならそれは、復習して覚えておくべきことを、そのまま生徒に指し示すためだからです。一番重要なポイントを黒板に書いて見せ、それを写させることを通して、記憶しやすくしているのです。生徒が自分の目と手を使って、重要なポイントを覚えるように仕向けてくれているのですよ。

でもこれでは「情報収集」とは言えませんよね。中学生の皆さんには「ノートを取る」ということの意味を、きちんと理解してもらいたいと思います。そこでのポイントは「自分にとって重要だ！と思えることを、ノートに取らなくてはならない」ということなのです。ですから、先生が黒板に書かないことでも、大事だと思ったらノートに取る必要が出てきます。それこそが「情報収集」のためにノートを取る、ということなのです。かといって、先生のしゃべっていることを、一言ももらさないように書き写そうとしても、これも無理な話です。でも、チャレンジしてみる価値はありますよ！　無理を承知で、すべてを書き写そうとしているうちに、「これは書かなくてもいいことだ」「ここだけ書いておけば後で思い出せるぞ」といった判断がつくようになり、必要な言葉を取捨選択できるようにもなるからです。だまされたと思って、やってみてくださいね！

　さて、自分にとって重要なこと、というのはどういう観点で判断すればいいのでしょうか。これは「授業の前にすでに勝負は始まっている」と考えなくてはならないことだと思ってください。すなわち、同じ授業を受けるのだとしても、授業を理解するために蓄えている予備知識の量が、生徒によって大きく異なっているという話なのです。予習がどの程度できているかによって、「重要だ！」と思えるポイントが違ってきてしまうのです。予習によって、疑問点が整理されていると、授業中に「そういうことだったのか！」という理解が進みます。「腑《ふ》におちる」という体験です。こうした「気づき」をノートに取ることこそ、自分にとって重要な情報を収集しているという態度になっていくのです。

「情報化」が進み、授業においても「何度でもリピートできる映像配信」といったサービスが提供されたり、重要ポイントをプリントアウトして配布ということが当たり前の世の中になっています。けれども、授業を受ける側に求められる態度は変わらないと思いますよ。あくまでも主体的にノートを取るという態度。皆さんも中学生の頃から身につけるようにしてくださいね。

グレーゾーンに照準！ 今月のオトナの言い回し 「謦《けい》咳《がい》に接する」

　何度でもリピートできる映像配信の授業という話題を挙げましたが、「情報化」の波は教室という教育の現場にも押し寄せています。人工知能の発達によって、将来的には人間の仕事が奪われてしまうかもしれない職種、という予測が発表されて話題となりましたが、「教師」というジャンルは人間のままの仕事で残るそうです。それでも、「情報を生徒に与える」という観点からだけですと、アンドロイドによる間違いのない情報発信の方が優れているのでは？　という思いがよぎりますよね。でも、情報以外の要素にこそ、教室での先生によるライブの授業の醍醐味があると筆者は思うのですよ。

　そこで登場する言葉が「謦咳に接する」になります。難しい言い回しですよね。「謦」も「咳」も「ゴホン！　ゴホン！」の「せき」という意味になります。「謦咳」とは「せきばらい」のことです。「謦咳に接する」というのは、間近でせきばらいを聞けるだけで幸せであるという意味から、尊敬する人と直接会ったり、話を聞くことを敬っていう言葉となりました。中国の古典『荘子』が出典だとされる故事成語です。ちなみに「謦咳」という熟語のつくりは「道路」や「波浪」のパターンと同じで「似た意味を重ねて作った熟語」になりますからね。さらにちなみに、「道路」の「道」は広い「みち」、「路」は狭い「みち」であり、「波浪」の「波」は小さな「なみ」、「浪」は大きな「なみ」、「謦咳」も「謦」が軽い「せき」、「咳」が重い「せき」だそうです。ホントにちなみにの豆知識でした。

　さて、「謦咳に接する」です。いくら尊敬する人物に接することが嬉しいからといって、話のはじめの「せきばらい」だけを聞いて、何か意味があるのでしょうか？　情報という観点からはゼロですよね。さすがにノートに「せきばらい」を書き写す生徒はいないでしょう。けれども筆者は、その「せきばらい」＝「先生が発するニュアンス」には、意味があると考えるのです。

　筆者の友人である谷中のお寺の禅師から教えてもらったお話です。江戸時代の高僧、白隠禅師が、自らの師匠について語った内容になります。正受老人と呼ばれたその方の周りには、いつも二百人ほどの弟子が集まっていたそうです。正受老人はお説教もしなければ、お経も上げません。けれども弟子たちは、そのお人柄に触れ、それだけで自分が磨かれていくと思い、つきまとっていたのだそうです。これぞ「謦咳に接する」ですよね。

　言葉によって説明される「説教」や、文字として記されている「経」というのは、「情報」だと言うことができます。いわば「予習できること」でもあるのです。ところが、さらにその先、仏教の真理に近づこうとするならば、自分で何かに気づかなくてはなりません。その際にヒントとなるのは、師匠である正受老人の態度そのものなのでしょう。おそらくは、何気ない一言や、ちょっとした仕草によって、「その人の全貌があらわれる」という程のインパクトを与えることができたのだと思います。不用意な一言で全てを台無しにしてしまうというありがちな失敗の、まさに逆バージョンですね。単なる情報には還元できない「意味」が、謦咳に接するということにはあるのだと思いますよ！

のです。後の①と②の各問いに答えなさい。

度数分布表

距離(m)	A中学校	B中学校
	度数(人)	度数(人)
以上　未満 10～14	9	6
14～18	18	8
18～22	34	15
22～26	42	17
26～30	13	3
30～34	4	1
計	120	50

①　B中学校の記録の最頻値を求め，単位とともに書きなさい。

②　14m以上18m未満の階級について，A中学校の生徒の中でこの階級に入る生徒の割合と，B中学校の生徒の中でこの階級に入る生徒の割合とでは，どちらが大きいですか。次のア，イから正しい方を選んで記号で書き，それが正しい理由を，相対度数を使って説明しなさい。

ア　A中学校の方が大きい。

イ　B中学校の方が大きい。（滋賀県・一部改略）

<考え方>

①　度数分布表、または、ヒストグラムや度数分布多角形（度数折れ線）で、最大の度数をもつ階級値を**最頻値（モード）**といいます。

②　各階級の度数の、全体に対する割合を、その階級の相対度数といいます。

＊相対度数＝$\frac{各階級の度数}{度数の合計}$

<解き方>

①　度数分布表より、**24m**

②　（記号）**イ**　（理由）**それぞれの中学校について、14m以上18m未満の階級の相対度数を求めると、A中学校は18÷120＝0.15、B中学校は8÷50＝0.16となり、B中学校の相対度数の方が大きいから。**

次は、与えられたヒストグラムから読み取れる内容を問う問題です。

問題3

右の図は，ある中学校の男子生徒40人の立ち幅とびの記録を，ヒストグラムに表したものです。

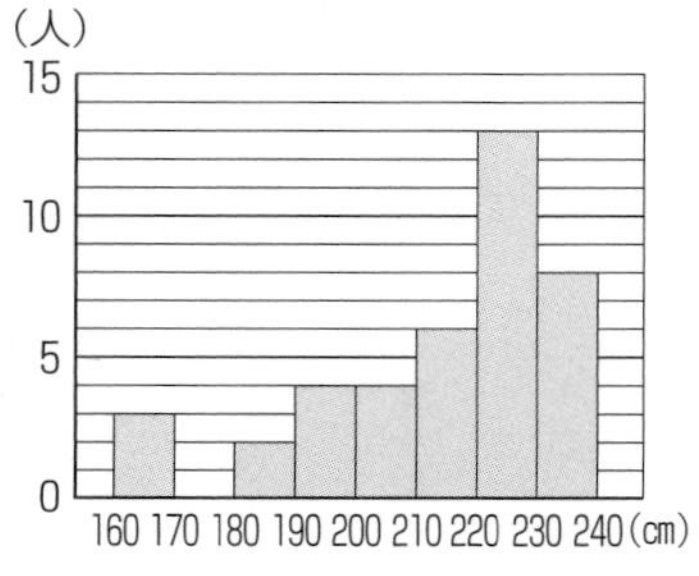

このヒストグラムでは，例えば，立ち幅とびの記録が160cm以上170cm未満の男子生徒が3人いることを表しています。なお，男子生徒40人の平均値は214cmです。

このヒストグラムからわかることとして正しいものを，次のア～オの中から2つ選び，その記号を書きなさい。

ア　階級の幅は5cmである。

イ　立ち幅とびの記録の分布の範囲は80cmより大きい。

ウ　度数が2である階級の階級値は185cmである。

エ　最頻値は平均値よりも小さい。

オ　中央値が含まれる階級の相対度数は0.325である。（埼玉県）

<考え方>

ヒストグラムは、度数分布表をグラフ化したもので、階級の幅を横、度数を縦とする長方形で表します。

<解き方>

ア…ヒストグラムの幅が階級の幅を表す。その幅は図より10cmだから誤り。

イ…分布の範囲は、最大でも240－160＝80cm未満なので誤り。

ウ…180cm以上190cm未満の階級の度数は2であるから正しい。

エ…度数の最も多い階級は220cm以上230cm未満の階級であるから、最頻値は225cmなので誤り。

オ…40人の記録の中央値は、大きい方から順に並べたときの20番目と21番目の記録の平均である。220cm以上の人数は13＋8＝21人だから、20番目と21番目のどちらも220cm以上230cm未満の階級に含まれており、この階級の相対度数は13÷40＝0.325であるから正しい。

よって、正しいのは、**ウ**と**オ**

入試では度数分布表から相対度数や平均値などの代表値を単独で求めるものも多いようですが、今回取り上げた総合的な問題を正解するには、全般にわたって正確な知識を身につけておくことが必要です。

この単元は、中学１年の最後に学習していますので、知識がかなり曖昧になっている人もいると思います。今回の例題で、忘れているところがあれば、もう一度教科書を読み返して、要点をまとめておくといいでしょう。

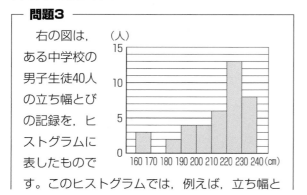

数学

楽しみmath 数学！DX

知識が曖昧に
なっている人は
いまのうちに復習を

登木 隆司先生
早稲田アカデミー 城北ブロック ブロック長
兼 池袋校校長

今月は、資料の整理と活用を学習していきます。

この単元は、数学だけでなく、他教科での資料や、日常生活で目にする統計などを正しく理解するために役立つものですから、一度しっかりと知識を確認しておきましょう。

初めは個々の資料から代表値を求め、２つの資料を比べる問題です。

問題１

ある中学校で，握力検査を行った。表は，剣道部員６人と柔道部員６人について，握力検査の記録を調べた２つの資料である。

表

剣道部員の記録(kg)						柔道部員の記録(kg)					
39	38	37	45	43	38	37	50	44	33	36	40

次の［　　］の中に示した，先生と生徒が授業の中で交わした会話の一部を読み，次の問いに答えなさい。

先生：表の２つの資料を比べて，どのような傾向を読み取ることができるか，分布の特徴を考えながら調べてみましょう。

生徒：どちらの資料も，平均値は（　あ　）kgで，中央値は（　い　）kgです。

（　あ　），（　い　）に，適切な数を補いなさい。（静岡県・一部改略）

<考え方>

数値で表された資料を大きさの順に並べたとき、その中央にある数値を**中央値**（**メジアン**）といいます。資料の数が偶数個のときは、中央の２つの数の平均をとって中央値とします。

<解き方>

表より剣道部員６人の平均は、(39＋38＋37＋45＋43＋38)÷6＝40(kg)

剣道部員６人の記録を小さい方から順に並べたときの３番目と４番目の資料は、38kgと39kgなので、剣道部員の記録の中央値は、(38＋39)÷2＝38.5(kg)

以上より、あは**40**、いは**38.5**

続いて度数分布表から代表値を求める問題です。

問題２

次の度数分布表は，Ａ中学校とＢ中学校の３年男子のハンドボール投げの記録を整理したも

英語で話そう！

川村 宏一先生
早稲田アカデミー　教育事業推進部
英語研究課 課長

朝がちょっぴり苦手な中学３年生のサマンサは、父（マイケル）と母（ローズ）、弟（ダニエル）との４人家族。

サマンサは夕食後、弟のダニエルと明日の予定について話をしています。サマンサは友だちとテニスをするようです。

Daniel　：What are you going to do tomorrow afternoon? …①
ダニエル：明日の午後は、なにをする予定なの？

Samantha：I'm going to play tennis with Mary.
Daniel, do you want to come with us?
サマンサ：私はメアリーとテニスをしようと思っているの。ダニエル、あなたも私たちといっしょに来る？

Daniel　：Yes. I would like to. …②
Where are you going to play tennis ?
ダニエル：うん。ぼくも行きたいな。どこでテニスをするの？

Samantha：We booked a tennis court in the park last week.
サマンサ：公園のテニスコートを先週、予約してあるの。

Daniel　：Well, what time will you leave?
ダニエル：そっか。何時に出発するの？

Samantha：Mary will come to 1 pm.
サマンサ：メアリーが午後１時に来るわ。

Daniel　：All right. I am looking forward to it. …③
ダニエル：わかったよ。楽しみだね。

今回学習するフレーズ

解説①　be going to ～	「～するつもりだ」（＝will） (ex) I am going to go for a swim tomorrow. 「私は明日、泳ぎにいくつもりだ」
解説②　would like to ～	「～してみたい」 (ex) I would like to read the book. 「私はその本を読んでみたい」
解説③　look forward to ～	「～を楽しみにする」 (ex) She is looking forward to the party. 「彼女はそのパーティーを楽しみにしている」

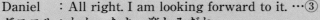

新刊案内

「先生を育て学校を伸ばす」ベテランが教える

生徒を育て、人を育て、そして、自分を育てる 先生のための本

学校が伸びる

教員は、生徒に向ける関心こそが、自己の生徒指導の方法を磨いていくのだということに気づくべきです。生徒に「目をかけ、心をかけて」育てていくことで、教員自身も育てられているのです。それがひいては、学校を伸ばすことにつながります……著者

淡路雅夫 著

先生！子どもが元気に育っていますか？

A5判　160ページ　1,500円＋税

淡路雅夫（あわじ・まさお）
淡路子育て支援教育研究所主宰。私立浅野中学・高等学校の前校長。現在は、國學院大學教職特別講師、関東学院大学非常勤講師、東邦大学教職アドバイザーなどを務め、講演・執筆活動を通して私学支援を行う。専門分野は子どもの教育・福祉を中心とした家族・親子問題。

ISBN978-4-86512-058-5

この本は 先生のための「教科書」であり「強化書」である

森上教育研究所 所長 森上展安

http://www.g-ap.com

グローバル教育出版　〒101-0047 東京都千代田区内神田2-4-2 グローバルビル　電話 03-3253-5944　Fax 03-3253-5945

みんなの数学広場

TEXT BY
かずはじめ

数学を子どもたちに、楽しく、わかりやすく、
使ってもらえるように日夜研究している。
好きな言葉は、"笑う門には福来る"。

初級～上級までの各問題に生徒たちが答えています。
どの生徒が正しい答えを言っているか当ててみよう。
もちろん、当てずっぽうじゃなく、実際に問題を解いてみてね。

問題編

答えは40ページ

上級

次の３語のなかで、数学的に仲間はずれは？

A 桃

B 白寿

C つくも

A
答えは… 桃
これだけ食べものだと思うな。
B
答えは… 白寿
「寿」だし、おめでたいことでしょ？　ほかと違うんじゃ？
C
答えは… つくも
つくもって焼き鳥の「つくね」のことじゃないの？

中級

ピザを３人兄弟で仲よく全部食べました。それぞれの食べた割合は次の通りです。
長男が１枚のピザの$\frac{1}{3}$を食べ、
次に次男が１枚のピザの$\frac{1}{4}$を食べ、
最後に三男が１枚のピザの$\frac{3}{8}$を食べました。

さて、いまピザはどれくらい残っていますか？

答えは… $\frac{2}{3}$
これぐらいの気がする。

答えは… $\frac{1}{24}$
計算したらこうなったよ。

答えは…
残っていない
これは簡単。

初級

長さ20cmのリボンをちょうど半分に切ったのですが、10cmにはなりませんでした。いったい、何cmになったでしょうか？

答えは…
20cm
ひらめいちゃった。

答えは…
10cmと1mm
ちょっと長く切れてしまうんじゃない？

答えは…
9cmと9mm
ちょうど切るのは難しいから。

上級

やったね！

正解は A

この問題は知識がないと少し難しいかもしれません。

Bの白寿は「白」の字が「百」歳から「一」を除いた字ということで、99歳を表します。

Cのつくもは、漢字で書くと、「九十九」と書くんです。

そしてAの桃。なんと、昔は100の意味だったんです。この桃は、漢字の意味としては、「桃の実」の意味を持っています。さらに、数詞としても100を表す言葉は“もも”なんです。

ですから、1つ、2つ、3つ、……ももつ、となり、「ももつ」は100を表します。

そういうわけで、白寿、つくもは数学的に99に関する言葉ですが、

桃は100を表す言葉なので、仲間はずれは桃ということになります。

B
確かにおめでたいんだけど、数学的に考えて！

C
“つくね”と“つくも”は全然違いますよ！

中級　正解は C

嬉し〜い

だって、問題文に
“ピザを３人兄弟で仲よく全部食べました。”とあります。
つまり全部食べているんです。では、なぜ合計が１枚にならないのか。
そうです。ピザは最初から１枚に満たない量だったということになりますね。問題文をよく読みましょう！

A
どんな計算をしたんだろう？

B
ちょっとひねった問題だったけど、思い込みには気をつけよう。

初級　正解は A

イエーイ

えっ、どうして??　と思った人はいませんか？
20cmの半分は10cm。
それもじつは正しいですが、半分の切り方です。縦に切らずに横に切ったら…？
つまり、上と下に切るイメージです。そうすると、横幅は変わらず、縦幅が半分になっただけですね。こうして、20cmのまま、「半分」のリボンができあがりました。

B
「半分」に切っているんだよ。

C
フリーハンドで切っているんじゃないんだから。

大学ナビゲーター

興味のあった さまざまな分野について 幅広く学んでいます

一橋大学

社会学部 社会学科 1年

髙橋《たかはし》 熙《ひろむ》さん

他学部の講義も気軽に受けられる環境

――一橋大の社会学部に入学した理由を教えてください。

「文系の学問のさまざまな分野に興味があったのですが、高校生のうちにはまだ学びたいことを1つに絞りきれなかったので、大学に入ってから考えようと思っていました。一橋大は社会科学の総合大学として名高い大学で、とくに社会学部は幅広い分野について学べる特徴があったので魅力的でした。」

――どんなことを学んでいますか？

「社会学部は一橋大のなかでも特殊で、1年生のころは学部ならではの科目は2つほどしかなく、語学や教養科目を多く履修します。そのほかの学部、例えば法学部は1年生のころから色々な法律について学びますし、商学部は学部科目ばかり履修しなければならないので教養科目を履修する余裕がないそうです。

語学は英語のほかに第2外国語までが必修で、第3、第4、第5まで取る人もいます。私も第2外国語でドイツ語、第3外国語で中国語を履修しています。ドイツ語は少し英語と似ているところがあり、発音のルールなどもわかりやすいのですが、中国語の学習は苦戦しています。

第2外国語でどの言語を選択するかは入学前に希望調査用紙を提出する段階で決めます。そして、その選択によってクラス分けがなされます。語学クラスの1クラスの人数は中高時代とほぼ同じ40名ほどなので、男女関係なくみんなと仲よくなれます。入学直後には新入生の約9割が参加するという新歓合宿があり、バーベキューをしたり、富士急ハイランドに行ったり、宿で夜通し話したりす

オーケストラ部の仲間と旅行もします

国立駅ホームから見た大学通りの満開の桜

るなかで、クラス内の親睦を深めることもできました。」

――教養科目ではどんなものを履修していますか?

『心理学』や『政治と社会』をはじめ、興味のある講義を色々と履修しています。

なかでも『西洋音楽論』は興味深く受講していました。小学生のころからバイオリンを習っていて、高校、大学とオーケストラ部に所属しているので、音楽が好きなんです。講義では、テーマ史のような形で、時代の流れをふまえながらある題材についてみていきます。例えばピアノが題材の場合、ピアノの時代ごとの役割、ピアノが持つ特性によってその時代にどんな曲が生まれたか、交響曲が題材だったら、時代の移り変わりによって作風にどう変化があったかなどです。

また、歴史、とくに日本史が好きなので、法学部が開講している『日本法制史』の講義も受けていて楽しかったです。法律と国の制度とのかかわりなど、これまでとは違った新しい視点で日本史を学ぶことができました。一橋大は学部間の垣根が低く、他学部の講義も比較的履修しやすいので、興味のある講義はどんどん履修することができます。」

――学部間の垣根が低いということ以外に一橋大の特徴はありますか?

「施設面では、国の有形文化財でもある兼松講堂という立派な講堂があります。コンサートホールとしても活用できるので、部活動の練習でも使っています。校内に無料で使えるホールがあるのは便利ですね。

あとは一橋大というより大学周辺の特徴なのですが、最寄りの国立駅から大学に向かう歩道が桜並木なので、春は本当に桜がきれいです。」

――今後、どんな講義を履修してみたいですか?

「2年生になって履修してみたいと思うのは、元々好きな日本史について深く学べる講義や、宗教学、民俗学などです。あとは入学前から気になっている教授がいるので、その教授のもとで政治学を学びたいです。」

オーケストラ部の活動

部員数は100人～120人くらいで、インカレ(※)なので津田塾大や中央大、東京女子大の学生も入部しています。個人で自主練をした成果を週2日の全体練習で合わせる形で、プロの方に指導も頼んでいます。発表の場は年3回の定期演奏会です。演奏会は、序曲で始まり、中盤に協奏曲や組曲、最後にメインの交響曲という3曲構成が多く、交響曲は演奏に40分くらいかかるものもあります。そうすると、公演時間は全体で約2時間の長丁場となるため、体力が必要な管楽器パートは、演奏曲によって「乗る」人が入れ替わったりします。オーケストラでは舞台にあがることを「乗る(乗り番)」、あがらないことを「降りる(降り番)」というんです。

※色々な大学の学生が在籍するサークル

全体イメージを覚える

社会が苦手な人は、ノートを作るときに重要単語を赤やオレンジのペンで書いて、あとで赤シートで隠しながら覚えようとすると思います。でも、それではその単語しか覚えられず、時代の流れなどが把握できないので、いざ問題を解こうとしても、なかなか取り組めないはずです。

そこでおすすめなのが、ノート全体を画像として覚えるようにすることです。全体像を覚えておけば、ある事柄について聞かれたとき「ノートのあのへんに書いてあったな。あそこにほかに書いてあったのは…」というふうに、順々に周りに書かれたことについても思い出すことができます。

遊びたい気持ちを抑えて

中1、中2から学校の授業はちゃんと受け、定期テストは準備をしっかりして臨み、ある程度の成績をキープしておけば、受験生になったときに焦らずに済みます。私は高1のころ、授業もあまり聞かず遊びすぎていたので、テストで散々な点数を取りました。そして高3になってからとても苦労して、結局浪人することになってしまいました。遊びたい気持ちもよくわかりますが、ときにはその気持ちをぐっと抑えて、最低限の勉強は忘れずにしていきましょう。

Bungou Retsuden

第18回

古今文豪列伝

武者小路実篤《むしゃのこうじさねあつ》

Saneatsu Musyanokouji

　武者小路実篤は１８８５年（明治18年）、東京に生まれた。祖先は公家で、父は子爵だった。学習院初等科、中等科、高等科を卒業して、東京大哲学科に進み、学習院時代からの友人である志賀直哉《しがなおや》、木下利玄《きのしたりげん》らと文学同好会を作ったが、大学を中退してしまった。

　１９１０年（明治43年）、志賀や有島《ありしま》武郎《たけお》、有島生馬《いくま》兄弟らと文芸誌『白樺《しらかば》』を創刊し、以後、彼らは白樺派と呼ばれる。

　実篤は学習院高等科時代、日露戦争の悲惨な状況をみて、ロシアの文豪、トルストイに傾倒し、その影響を強く受けた。１９１０年には『お目出たき人』を、２年後には『世間知らず』を、１９１４年（大正３年）には戯曲『わしも知らない』を、それぞれ『白樺』に発表して注目された。『白樺』に毎号、なんらかの作品を発表して『白樺』の代表的作家の地位を確立するんだ。

　１９１４年に第一次世界大戦が始まると、人道主義の立場から、平和を訴え、１９１５年（大正４年）に『その妹』を、翌年には『ある青年の夢』を発表した。その後も『幸福者』『友情』『土地』『耶蘇《やそ》』『人間万歳』などを次々と世に出していったんだ。

　実篤といえば忘れてはならないのは「新しき村」の建設だね。実篤はトルストイの影響から、人間性を尊重し、束縛のない理想社会の建設を夢見て、共同生産農園「新しき村」を、宮崎県に開設したんだ。１９１８年（大正７年）のことだ。実篤は実際に住み込んで、農業生産に励むかたわら、執筆活動も続けたんだ。でも「新しき村」はダム建設で水没することになり、埼玉県毛呂山町に移り、実篤はそれを機に村を離れて、会費だけを納める村外会員となった。現在も「新しき村」は存在しているんだよ。

　１９２３年（大正12年）の関東大震災を機に、白樺派を解散し、以後は１９２９年（昭和４年）に『二宮尊徳』、２年後には『井原西鶴』を発表して、それまでとは違う伝記的な小説を書くようになった。１９３９年（昭和14年）には『愛と死』を発表、さらに美術評論なども手がけ、広い分野で活躍した。

　１９５１年（昭和26年）に『真理先生』を発表、この年、文化勲章を受章した。１９７６年（昭和51年）４月、病死。90歳だった。

今月の名作

武者小路実篤

『友情』

『友情』
370円＋税
新潮文庫

　脚本家の野島と作家の大宮は親友だった。ある日、野島は友人の妹、杉子を紹介されて恋をし、そのことを大宮に打ち明ける。２人は杉子の家に行くようになるが、大宮はヨーロッパに旅立つ。やがて杉子もヨーロッパに…。

あれも日本語　これも日本語

NIHONGO COLUMN NO.75

「花」にちなむ慣用句 下

「両手に花」は同時に2つのいいことがあることをいう。また、1人の男性が女性2人とともにいることにも使われるよ。「琴奨菊は大相撲で優勝し、結婚もした。両手に花だ」とか「彼は女子2人に挟まれてランチを食べていた。両手に花だね」なんて感じかな。

「月に叢雲《むらくも》、花に風」。せっかくの美しい月なのに、雲が群れ集まって月を隠してしまう。または、花が美しく咲いているのに、風が吹いて花を散らしてしまう、という意味で、いいことは長続きしない、という例えだ。「叢雲」は「群雲」と書くこともあるよ。

似たようなことわざに、「花に嵐」がある。花が咲いているのに嵐が吹いて、花を散らしてしまうという意味で、いいことやいい状況には邪魔が入りやすいという意味だ。「文化祭の彫刻を作っていたのに、倒れて壊れちゃった。花に嵐だ」なんてなると悲しいね。

「花に嵐のたとえもあるぞ、さよならだけが人生だ」という井伏鱒二の訳詩もあるよ。

「花は桜木、人は武士」。花はサクラのこと。サクラはパッと咲いてパッと散る様子から潔さの象徴とされる。武士も潔さが大事なことから、自分も潔くありたいという意味で使われる。

「花より団子」はよく聞くよね。いくら花が美しく咲いていても、お腹がすいているときは、花よりも団子の方がありがたい、という意味から、外見よりも中身を重視する、あるいは風流なことよりも実質的な利益が大事、という意味で使われるんだ。「大会で優勝してメダルをもらったけど、お父さんがお祝いに焼肉屋に連れていってくれた方が嬉しかった。やっぱり花より団子だよ」って感じで使われる。

「ひと花咲かせる」は成功して一時的に栄えることだ。「商談をうまくまとめて、ひと花咲かせたい」というふうに使う。

「落花《らっか》流水《りゅうすい》」は四字熟語だ。咲いていた花が水に落ちて流れていくように、物事は必ず衰える、という意味と、花が水の流れに従うように、男女がお互いを思いあう、という2つの意味がある。その場合は「落花流水の情」というんだ。

ミステリーハンターQの
歴男歴女養成講座

山本 勇
中学３年生。幼稚園のころにテレビの大河ドラマを見て、歴史にはまる。将来は大河ドラマに出たいと思っている。あこがれは織田信長。最近のマイブームは仏像鑑賞。好きな芸能人はみうらじゅん。

春日 静
中学１年生。カバンのなかにはつねに、読みかけの歴史小説が入っている根っからの歴女。あこがれは坂本龍馬。特技は年号の暗記のための語呂合わせを作ること。好きな芸能人は福山雅治。

ミステリーハンターQ（略してMQ）
米テキサス州出身。某有名エジプト学者の弟子。1980年代より気鋭の考古学者として注目されつつあるが本名はだれも知らない。日本の歴史について探る画期的な著書『歴史を掘る』の発刊準備を進めている。

士族の反乱

今回は、明治に起こった士族の反乱を勉強しよう。当時の士族は政府にどんな不満を感じていたかわかるかな。

勇　１８７６年（明治9年）に、「神風《しんぷう》連《れん》の乱」、「萩の乱」、「秋月の乱」といった士族の反乱が起こってから、今年はちょうど１４０年になるんだってね。

静　士族の反乱はなんで起こったの？

MQ　反乱が起こった流れを理解するには、１８７６年の反乱をみる前に、その少し前の１８７４年（明治７年）の「佐賀の乱」をみた方がいいね。

勇　「佐賀の乱」は江藤新平が起こしたんだよね。

MQ　そうだよ。１８７３年（明治６年）に、新政府のなかでは、征韓論の議論があったんだ。鎖国を続けていた朝鮮国に出兵して、職を失った士族の救済にあてるべきだという議論で、参議（閣僚）で、薩摩出身の西郷隆盛や佐賀出身の江藤新平らが唱えたんだ。

だけど、反対論が勝って、西郷や江藤らは政府を去った。江藤は佐賀に帰ったけど、政府への不満は募り、翌年、反乱を起こしたんだ。これが「佐賀の乱」だ。

静　「佐賀の乱」は失敗したの？

MQ　江藤は西郷などに同調を求めたけど、だれも動かなかった。政府の対応は早くて、できたばかりの軍隊を大動員して、あっという間に鎮圧したんだ。

勇　でも、士族の反乱はそれで終わらなかったんだね。

MQ　政府は１８７６年3月に、高級官僚や軍人、警官以外は刀を持ってはいけないという廃刀令を出した。これがきっかけで、新政府に不満を持っていた熊本の保守系士族が同年10月24日に起こした反乱が「神風連の乱」だ。

それに呼応して3日後、山口県の萩で前参議の前原一誠らが起こした事件が「萩の乱」、さらにその翌日、福岡県の秋月でも同じような反乱が起こったけど（「秋月の乱」）、いずれも新しくできた軍隊にあっという間に鎮圧され、首謀者は自殺したり、処刑されたりしたんだ。

静　反乱の規模は小さかったのね。

MQ　反乱は２００人とか４００人という単位で、大事件にはならなかったけど、いずれも明治維新で活躍した藩から起こった事件だし、参議経験者が首謀者だったから、政府には衝撃が走った。みなが注目したのは鹿児島の西郷隆盛の動向だった。その西郷はわずか４カ月後に１万５０００人の兵を率いて反乱を起こすんだけど、それは次回に話そう。

サクニュー！ ニュースを入手しろ！

Success News

▲PHOTO 原子番号113番の新元素の発見者として命名権が認められ、記者会見で元素の周期表を示す理化学研究所の森田浩介さん（中央）ら（2015年12月31日） 写真：時事

今月のKeyword▼

日本人発見元素

日本の理化学研究所が発見した元素が、国際学会で正式に認定され、元素の命名権が与えられました。日本人はもちろん、アジア人による発見は初めてで、命名権を得たのも初めてです。

物質を構成するきわめて小さい単位に原子があります。大きさは１億ぶんの１㎝ぐらいです。

原子の中心には１兆ぶんの１㎝ほどの原子核があり、中性子と陽子によって成り立っていることが知られています。そして、原子核の周りを電子が回っています。その原子の種類を表わすのが元素です。

元素は原子核にある陽子の数によって決められています。原子番号１の水素は陽子の数が１個、原子番号２のヘリウムは陽子の数が２個、というわけです。

この元素を、似た性質を持つもの同士で規則的に並べたのが、「元素周期表」です。みなさんも理科の授業で習ったでしょう。19世紀のロシアの化学者、メンデレーエフが考案したものです。

現在は、陽子を118個持つ原子番号118まで認定されていますが、自然界には原子番号92のウランまでしか存在していません。93以降は原子と原子を衝突させて人工的に作り出しているのです。

理化学研究所は2003年（平成15年）から、埼玉県和光市の施設で、原子番号30の亜鉛を光の速度の10分の１くらいの秒速約３万㎞にまで加速して、原子番号83のビスマスに衝突させる実験を繰り返し、113番原子を観測することに成功しました。

360兆回実験して、わずか３回の観測に成功したということです。きわめて低い確率です。

日本以外の国でも発見のための実験を行っていました。ロシアとアメリカの合同実験チームも発見したとの報告をしていましたが、確認が不十分だとされ、国際学会は昨年暮れ、日本の発見を正式なものとして認定したのです。

新たな原子を発見するのは化学者の夢といわれていて、日本人でもこれまで２度ほど発見の発表がありましたが、いずれも検出できなかったり、確認が不十分ということで認定にはいたりませんでした。

さて、気になる命名ですが、「ジャポニウム」「ニッポニウム」などの候補があがっています。発見された113番元素はわずか0.002秒でほかの元素に変化するので、発見によって、私たちの生活などに変化をもたらすものではありませんが、科学のロマンを感じさせてくれる話ではあります。

サクセス書評 5月号

今月の1冊

『負けないパティシエガール』

おいしいカップケーキが人の心を開いていく

舞台はアメリカ。主人公はフォスターという男の子のような名前の女の子。

物語は、フォスターとその母レイカがある事情のために、それまで住んでいたメンフィスの街から車で逃げ出す場面で幕を開ける。

行くあてもなく車を走らせた2人がたどりついたのが、ウエストバージニア州のカルペパーという街だった。

キティとレスターという親切な夫妻のキャンピングカーに住まわせてもらうことになったフォスター母子は、知り合いが1人もいない土地で、新しい生活を始める。

フォスターはメンフィスで、日本でいう小学校を卒業したばかりだったが、文字の読み書きがとても苦手。いわゆる「識字障がい」（ディスレキシア）といわれるもので、知的発達には問題がないにもかかわらず、文字を単語として認識できなかったりする障がいがあった。

なんとか卒業こそできたものの、そのために学校でつらい思いをし続けたから、大きなコンプレックスを抱えていた。しかし、彼女には、それに負けないぐらいの特技があった。

それがお菓子作りだ。文字の読み書きが難しいかわりに記憶力が抜群によく、人から聞いたりテレビで見たレシピを覚えて、さまざまなお菓子を作ってきた。とくにカップケーキは絶品で、食べた人はみんな驚くレベル。将来は「パティシエガール」として自分の料理番組を持つことが夢だ。

そんな夢の一歩を、カルペパーで踏み出すことになるのだが、同時に、彼女には困難もたくさん待ちかまえていた…。

それでも、「カップケーキには、人の心の中に入りこんで、その人のよいところを引きだす特別の力がある」と信じているフォスターは、読んでいるだけでお腹がすいてくるような何種類ものカップケーキを作りながら、周囲の助けも得て、そうした困難を乗り越えていく。

甘い話ばかりではないけれど、だからこそフォスターの頑張りに勇気づけられる、そんな1冊だ。

『負けないパティシエガール』

著／ジョーン・バウアー
訳／灰島 かり
価格／1500円＋税
刊行／小学館

サクセスシネマ

VOL.75

SUCCESS CINEMA

身体が小さくなっちゃった！

アントマン

2015年／アメリカ
監督:ペイトン・リード

『アントマンMovieNEX』
価格:4,000円＋税
発売元:ウォルト・ディズニー・スタジオ・ジャパン
©2016Marvel

ヒーローは小さなアリ男

本作はアメリカ漫画のキャラクターを実写映画化したもの。タイトルの通り、アント（アリ）マン（男）の話です。

スコットは窃盗で捕まり出所したばかり。更正し真っ当な人生を歩もうとしますが、うまくいかず、再び盗みを繰り返してしまいます。富豪宅に忍び込み、金庫を開けたところ、ライダーズスーツのようなものが一着。スコットはスーツを盗み、興味本位から着用すると、アリのように小さくなってしまったのです。ここから彼の運命は、ある大きな力によって揺り動かされ、悪巧みをする人々と戦うヒーローになるのです。

この映画では、スコットがアリサイズになるだけでなく、攻撃的な“サシハリアリ”、飛行可能な“羽アリ”など、何種類ものアリが登場します。生態に合った力を発揮して、スコットとともに敵を翻弄するシーンは爽快かつ見応えたっぷり。また、スコットが汽車の屋根にのぼり、悪と戦う迫力あるシーンかと思えば、じつは汽車は小さなおもちゃという、スケールが大きいようで小さい、そのギャップが笑いを誘います。

メアリーと秘密の王国

2014年／アメリカ
監督:クリス・ウェッジ

『メアリーと秘密の王国』
ブルーレイ発売中
1,905円＋税
20世紀フォックス ホーム エンターテイメント ジャパン

森の運命をかけた戦い

「小人っているのかな？」幼いころ、だれもが一度はそんなことを思ったのではないでしょうか。そんな夢のある小さな人たちの世界を描いたアニメです。

メアリーの父は、小さな人たちの存在を信じ、研究者としてその姿を追い求めています。しかしメアリーは、研究に没頭する父を理解できず、親子の関係はぎくしゃくしたものになっていました。

小さな人の存在など、少しも信じていないメアリーでしたが、ひょんなことから身体が小さくなってしまい、森に住む彼らの世界の戦いに巻き込まれてしまいます。それは森の繁栄をもたらす女王、そして森を守る兵士・リーフマンと、森の衰退をもたらす悪のボーガンとの戦い。森の運命、そして、メアリーの運命はどうなるのでしょう。

メアリーと父との家族愛や、リーフマンたちのきずなも感じられ、アクションあり、感動ありのファンタジー作品です。言葉を話すカタツムリやナメクジなど、愉快なキャラクターたちも登場。そして、深い緑の森を舞台とした美しい映像も楽しめます。

ミクロキッズ

1990年／アメリカ
監督:ジョー・ジョンストン

『ミクロキッズ　DVD』
価格:1,429円＋税
発売元:ウォルト・ディズニー・スタジオ・ジャパン
©2016Disney

家の庭で大冒険!?

もしも小さくなれる機械があったら、みなさんは小さくなってみたいですか？

エミーとニックの姉弟、ラスとロンの兄弟はお隣さん同士。ある日、発明家であるニックの父が作った機械によって、彼らは6㎜のミクロサイズになってしまいます。あまりに小さすぎて、その存在に気づかれず、なんとニックの父にホウキではかれ家の敷地の前にあるゴミ置き場に捨てられてしまうのです。さぁ大変！　4人は、庭を通りなんとか家へ戻ろうとするのですが、ミクロサイズとなった彼らにとって、庭はまるで巨大なジャングルのよう。大冒険の始まりです。

最初はケンカばかりだった4人ですが、力を合わせて窮地を乗り越えていくうちに仲間意識が芽生えます。サイズが変わり、視点が変わると、いままで見えなかったものが見えてくるもの。そんな彼らの様子が、ユーモアたっぷりに描かれています。子どもたちが小さくなったのでは、と気づいたニックの両親による捜索方法もユニークで楽しませてくれます。観ている方もミクロサイズになったような気分が味わえる作品です。

なんとなく得した気分になる話

身の回りにある、
知っていると勉強の役に立つかも
しれない知識をお届け!!

睡眠と勉強　その1

なんだか眠くて…。

季節のせいかな？

季節？

春は眠いって言わないかい？

そうなの？　初耳。

「春眠暁を覚えず」って聞いたことない？

それって、そんな意味だったの？

そうなんだよ。「春眠暁を覚えず」とは、春の夜は心地がいいから、朝になったことにも気づかないで眠り込んでしまうということなんだ。

へ？　ということは、このまま寝てもいいってこと？

それじゃ、1日寝て過ごすことになってなにもできないじゃないか。だから、逆だと思うな。

逆？

そう。だから、春は寝ないように努力をしようという。

なあんだ～。せっかく、昼間は寝ていてもいいってことだと思ったのに。

先生が子どものころは、居眠りすると親に後ろから叩かれたもんだなあ（笑）。「寝るな！」ってね。

怖いね。一番気持ちが緩んでいるときに後ろから叩かれる。ある意味、卑怯だ！

でもさ、親に怒られるのは大事なことだよ。

そうかなあ??

親ぐらいしか怒ってくれないだろ。

いや、先生がよく怒る。

ぼくはキミに怒らないよ…。

うん。ほかの先生によく怒られる。

そうなんだ…。話を戻すとね、あまりに眠いときは、色々な原因が考えられるんだ。

どんな原因？

まずはねえ、寝不足。これは単に寝ればいいだけ。しかし、寝ても寝てもまだ眠いという場合。これは、大きな理由が2つある。

あっ！　1つはわかるよ。

言ってごらん。

毒リンゴを食べた！

はっ??　なにかの童話にありそうだけど…（笑）。確かに、いきなりたくさん食べたとき、とくに糖分の多いものを食べたりすると、それを消化をするのに、胃に血が集まるという理由で頭に血がいかないから眠くなるんだよね。それを毒リンゴということにするかい？　だとすれば、正解かも。

もちろんそこまで考えてなかったけどね（笑）。

それより、「拒否の睡眠」が学生には多いなあ。

拒否？

そう。やりたくない、そこから逃げたいという気分から来る眠気。学生にはありがちだよね。勉強したくないとかさ。

それ、大きいかも。決まった授業のときに眠くなるもんな～。

ぼくも経験あるよ。高校時代、「倫理」という授業があってね。その先生が教室に入ってくると、すぐに眠くなっていたなあ。

先生にもそんな時代があったんだ。

それがさ、その先生は怒らないから、ほぼクラス全員が睡眠学習の時間になるんだ。でも不思議なもので、ちゃんと授業の終わる5分前に目が覚めるんだよ。

結局どうなった？

どうもこうもない、その科目の成績はとても悪かった（笑）。

当たり前だよね。じゃあさ、どうしたら眠気はなくせるの？

それは難しい。あっ、思い出した。一般的には次の4つが眠気を覚ます方法として知られてるんだ。

それ、早く教えて！

それは…次号へ続く。

えええええ～。早く知りたい！

ご提案型の教育旅行会社って？

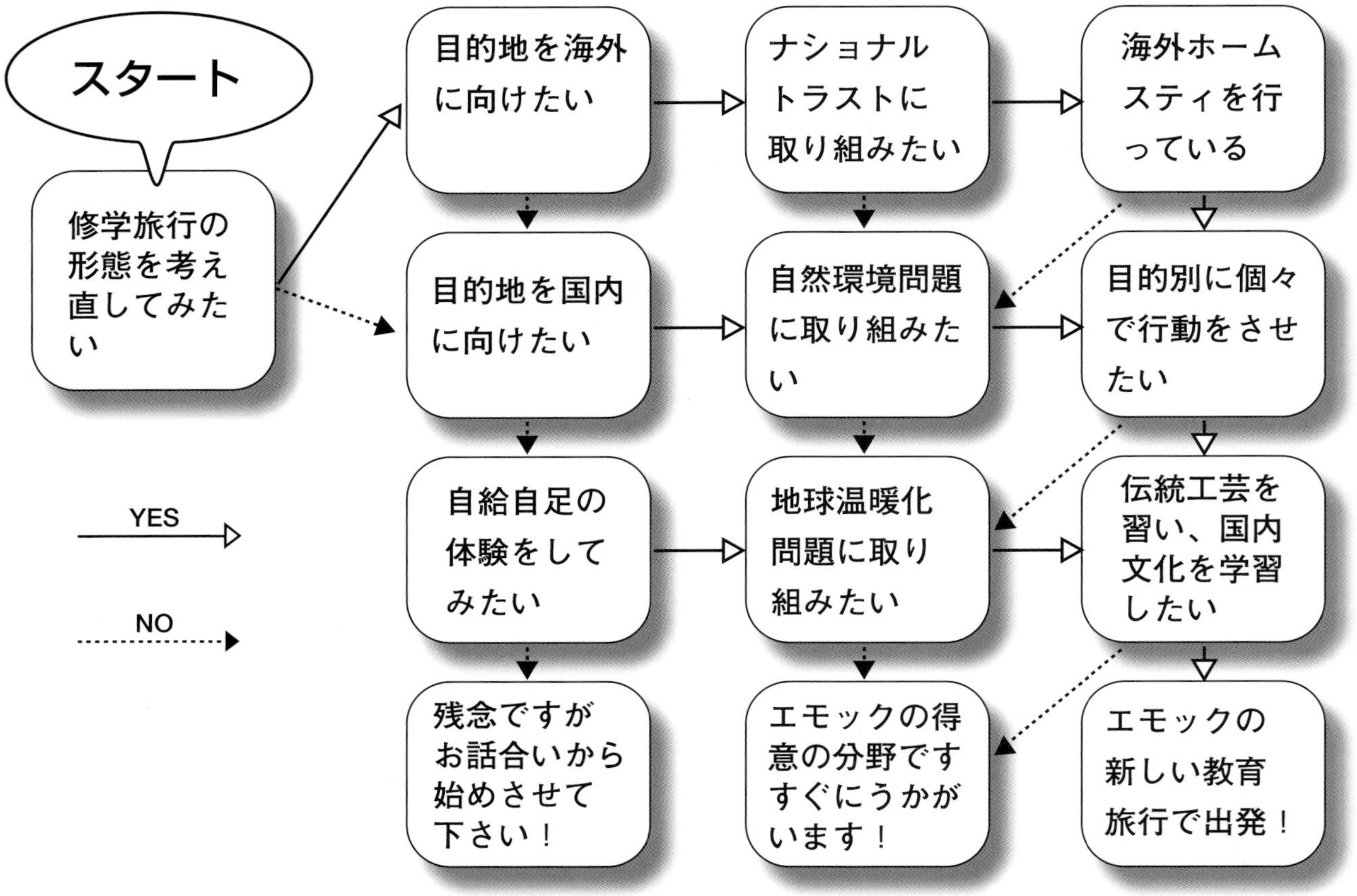
スタート
修学旅行の形態を考え直してみたい
目的地を海外に向けたい
ナショナルトラストに取り組みたい
海外ホームスティを行っている
目的地を国内に向けたい
自然環境問題に取り組みたい
目的別に個々で行動をさせたい
自給自足の体験をしてみたい
地球温暖化問題に取り組みたい
伝統工芸を習い、国内文化を学習したい
残念ですがお話合いから始めさせて下さい！
エモックの得意の分野ですすぐにうかがいます！
エモックの新しい教育旅行で出発！
YES
NO

従来の名所旧跡を訪ねる修学旅行から、最近ではさまざまなテーマを生徒個々または小グループごとにコンセプトメークしひとつの社会貢献の一環として、位置づける学習旅行へと形態移行しつつあります。

小社では国内及び海外の各種特殊業界視察旅行を長年の経験と実績で培い、これらのノウハウを学校教育の現場で取り入れていただき、保護者、先生、生徒と一体化した旅行づくりを行っております。

一例

- ●海、山、川の動物、小動物の生態系研究
- ●春の田植えと秋の収穫体験、自給自足のキャンプ
- ●生ごみ処理、生活廃水、産業廃棄物、地球温暖化などの環境問題研究
- ●ナショナルトラスト（環境保全施設、自然環境、道の駅、ウォーキング）
- ●語学研修（ホームスティ、ドミトリー、チューター付研修）など

［取扱旅行代理店］　**（株）エモック・エンタープライズ**

担当：山本／半田

国土交通大臣登録旅行業第1144号
東京都港区西新橋1-19-3　第２双葉ビル２階
E-mail:amok-enterprise@amok.co.jp

日本旅行業協会正会員（JATA）
☎ 03-3507-9777（代）
URL:http://www.amok.co.jp/

高校受験 ここが知りたい Q&A

Question & Answer

Q

自分が文系と理系、どちらに向いているのかわかりません。

４月から中学３年生になったので、そろそろ具体的に志望校を考えておくべきだと言われています。そこで、自分が文系・理系のどちらに向いているのかも大事になってくると思うのですが､それがわかりません。どうしたらいいのでしょうか。

（東京都大田区・中３・YH）

A

文系、理系にこだわらずまんべんなく学んでおきましょう。

受験学年を迎え、具体的に志望校を検討しようとするのはとてもいいことです。志望校は、どんな高校生活を送りたいのかということを基本に考えてみましょう。理想の高校生活をイメージすることで、志望校の方向性も見えてくるはずです。

さて、お尋ねの「自分が文系向きなのか理系向きなのかわからない」という点ですが、中学生くらいの間は、文系・理系をあまり意識しない方がいいと思います。

というのも、最近の学問は、文系・理系という枠組みではとらえきれなくなっているからです。文系でも数学や理科の知識を必要とする分野はたくさんありますし、理系に進んでも社会科学の知識やものの考え方が身についていないと深い研究はできませんから、国語や社会の学習も非常に大切になってきます。

それに、自分では文系だと思っていたのに理系に進みたくなることや、その逆で、理系に進もうと思っていたのに文系に転向することも少なくありません。

いまのうちから文系・理系どちら向きかを決めつけてしまっては、将来の選択肢が狭まってしまいます。高校生になると、大学でどんな学問を専攻しようか考え、それに伴って学部や学科を選択する時期がきますから、そのとき、より選択の幅が広がるように、いまの時期はどの科目もまんべんなく学んでおくのがベストです。

Success Ranking

東京大合格者数ランキング

今月号は、東京大合格者数ランキングだ。2016年度東京大前期入試結果から、合格者の多かった高校順にまとめているよ（３月10日現在、数字は既卒者含む）。今年も全国トップは開成。みんなの志望校も入っているかな。

東京大合格者数（前期）全国

順位	学校名	合格者数
1	**○開成（東京）**	169
2	◆筑波大附属駒場（東京）	101
3	○麻布（東京）	94
3	○灘（兵庫）	94
5	○渋谷教育学園幕張（千葉）	76
6	○聖光学院（神奈川）	71
7	○桜蔭（東京）	59
8	○栄光学園（神奈川）	57
8	○駒場東邦（東京）	57
8	◆東京学芸大附属（東京）	57
11	◇都立日比谷（東京）	49
12	○ラ・サール（鹿児島）	44
13	○豊島岡女子学園（東京）	40
14	○早稲田（東京）	38
15	○東大寺学園（奈良）	37
16	○久留米大附設（福岡）	36
17	○女子学院（東京）	34
18	○西大和学園（奈良）	33
19	◇都立西（東京）	32
19	◇県立千葉（千葉）	32
19	◆筑波大附属（東京）	32

東京大合格者数（前期）首都圏

順位	学校名	合格者数
1	**○開成（東京）**	169
2	◆筑波大附属駒場（東京）	101
3	○麻布（東京）	94
4	○渋谷教育学園幕張（千葉）	76
5	○聖光学院（神奈川）	71
6	○桜蔭（東京）	59
7	○栄光学園（神奈川）	57
7	○駒場東邦（東京）	57
7	◆東京学芸大附属（東京）	57
10	◇都立日比谷（東京）	49
11	○豊島岡女子学園（東京）	40
12	○早稲田（東京）	38
13	○女子学院（東京）	34
14	◇都立西（東京）	32
14	◇県立千葉（千葉）	32
14	◆筑波大附属（東京）	32
17	○浅野（神奈川）	30
17	○海城（東京）	30
17	○渋谷教育学園渋谷（東京）	30
20	○栄東（埼玉）	27

※◆国立、◇公立、○私立
※本誌調べ、推薦入試合格者を含む

受験情報

東京

都立一般入試は倍率1.48倍

東京都教育委員会は都立高校一般入試（学力検査に基づく選抜）の受検状況を発表。全日制普通科は募集2万4770人に対し、受検者数は3万6582人で、受検倍率1.48倍（前年度1.46倍）。最終応募人数3万8775人のうち5.6%が欠席。学校別倍率は**日比谷**1.82倍、**戸山**1.75倍、**西**1.50倍、**八王子東**1.43倍、**国立**1.69倍、**立川**1.46倍、**青山**2.12倍となった。

全日制専門学科は昨年と同じ1.22倍、同総合学科は1.34倍（前年度1.39倍）。

神奈川

公立高校の倍率1.20倍

神奈川県教育委員会が公立高校入試の受検状況を発表。全日制は受検者数5万2638人に対し合格者4万3609人。平均実倍率は1.20倍だった（前年度1.18倍）。学校別で最も高い競争率となったのは**横浜翠嵐**で1.62倍。続いて**希望ケ丘**1.57倍、**大和**1.56倍、**多摩**1.54倍など。

専門コースの高倍率は、**上矢部**（普通科美術陶芸コース）1.69倍、**弥栄**（単位制芸術科音楽専攻）1.64倍、（同美術専攻）1.63倍など。（詳報62ページ）

千葉

公立高校の前・後期倍率発表

千葉県教育委員会は、県内公立高校の前期・後期の受検状況を発表した。

前期選抜は、入学許可内定予定2万2752人に対し受検者数3万9578人で、実際の内定者は2万2481人。倍率は1.74倍。前期内定者の入学確約書提出を待って決まった後期選抜の募集は1万1633人となり、後期受検者数は1万6513人、受検倍率は1.42倍（前年度1.39倍）だった。学校別では**県立船橋**、**県立千葉**などが前・後期とも高倍率だった。

埼玉

公立高校で大宮・理数2.73倍

埼玉県教育委員会は公立高校入学者選抜学力検査の受検状況を公表した。全日制の受検者数は4万6906人だった。

全日制普通科全体の募集は2万9061人に対し、受検者数は3万5648人で倍率は1.23倍だった。普通科で最も倍率が高かったのは**市立浦和**の1.96倍、ついで**浦和西**の1.66倍。

全日制専門学科、総合学科を含めると、最も倍率が高かったのは、専門学科の**大宮**・理数科で2.73倍だった。

Educational Column

15歳の考現学

東京大合格者の変化から見えてきた
これからの「学び」の本質

森《もり》上《がみ》　展《のぶ》安《やす》

森上教育研究所所長。1953年、岡山県生まれ。早稲田大学卒業。進学塾経営などを経て、1987年に「森上教育研究所」を設立。「受験」をキーワードに幅広く教育問題を扱う。近著に『教育時論』（英潮社）や『入りやすくてお得な学校』『中学受験図鑑』（ともにダイヤモンド社）などがある。教育相談、講演会も実施している。
HP：http://www.morigami.co.jp
Email：morigami@pp.iij4u.or.jp

高校受験生たちが東京大合格の一勢力に

入試シーズンの掉尾《ちょうび》を飾る東京大の合格発表がありました。その出身高校各々の合格者数が週刊誌によって知らされ、いわば学校の盛衰をみるようにそれを読むのが習わしになっています。

この合格者数は、やはり学校の持つ選抜機能の大きな指標ですから、私たちも一応それを押さえて、学校を評価します。しかし、それは学校の選抜機能を評価しているのであって、教育機能の評価については、必ずしもこれだけにとどまるものではありません。そのことをふまえたうえで、こと選抜機能について、いまはどのようになっているかを見ておきましょう。

今春の結果には、1つ大きな変化がありました。それは東京大合格者輩出校のなかで、公立トップ高校が存在を大きく示したことです。

もちろん、私立中高一貫校が依然として大勢を占めている現実は、揺らいでいません。

その主流を占めるのが、今年もトップクラスに名を連ねた**開成**であり、**麻布**であり、**渋谷教育学園幕張**です。いまだ、**筑波大附属駒場**の数字が週刊誌に出ませんが、のちにこれを加えることになるでしょう。現に明らかなところで、神奈川トップの**聖光学院**や、東京の**駒場東邦**などがこれらに次いで実績を出しているのも例年同様です。すなわち、その多くが私立の男子中高一貫校です。

しかし、そうした在来のトップ実績校の次のランクの実績輩出校に今春は**都立日比谷**、**県立千葉**、**都立西**、**県立横浜翠嵐**が入っているのです。

とりわけ日比谷は、昨年37人から12人増の49人。もうひと息で私立男子中高一貫校に並ぶ位置です。

大切なことはこうした都立・公立トップ高校は、すべて高校受験生による実績だということです。高校受験から東京大に合格する生徒が一定の勢力を占めた、というところが大きな変化といえるのです。

ただ、トップの開成、あるいは、関西からのトップの**灘**、そしてこれに続いた渋谷教育学園幕張、すぐその次に続く**東京学芸大附属**などは、高校からの生徒を受け入れている学校です。ですから、必ずしも中学受験生ばかりで合格者が占められているものではないでしょう。とはいえ、これらの学校とて、高校からの受け入れ数は、中学からの受け入れに比べて比較的少数派です。

やはり、オール高校受験生である都立、県立トップ高校からの合格は、高校受験をする生徒にとってわかりやすい指標といえます。

さて、そうした公立躍進のなかにあって**県立浦和**だけは、昨年の27人から今年は22人へと減少させました。代わって27人の合格者を出して、一躍県下トップになったのは中高併設型の**栄東**で、こちらは昨年の9人からの大躍進です。私立ライバル校の**開智**も17人と増勢でしたがおよびませんでした。

ともあれ、東京の開成、千葉の渋谷教育学園幕張、埼玉の栄東とトップ実績校になっているのは、高校からの入学生もいる中学・高校併設型ですから、この点でも東京大入試において、高校受験できる学校の存在感が増した、といっていいでしょう。

変容の原動力に 大学入試問題自体の変化

このように高校受験して東京大に合格するスタイルが一定の勢力を占めた理由はどこにあるでしょうか。

例えば受験生の側の変化としては、リーマンショックはどうでしょう。これは、２００８年（平成20年）の中学受験生の減少以降なので高校受験への影響はその3年後の２０１１年（平成23年）。大学入試へはさらにその3年後の２０１４年（平成26年）ということになりますから、経済的に中学受験を選ばず、高校受験に回った優秀児たちの存在が1つの要因といえなくはないでしょう。

もう1つは、その高校受験生を支えた学習指導要綱の変化ですね。いまの学習指導要綱は、「ゆとり」世代でなくなり、とくに数理分野で揺り戻しがあり、「ゆとり」で削減された内容の一部が復活しています。つまり公立中学での学習内容が私立中学ほどではないにせよ、必要十分なものになったことが、今回の高校受験生の東京大合格者増加のあと押しになっているともいえます。

しかし、なんといっても大きいのは、東京大自身の入試問題の変化です。じつは、今年の東京大入試では文系ははっきり、理系においても少々、数学がいわば易しくなりました。

といってもそこは東京大です。ただ易しくなったのではありません。

問題に用いる知識が易しいだけで、それを応用してどこまで解けるかという力が問われました。

じつは、これは中学受験で今春、東京大トップ実績校である、あの開成の算数の大問1で起こった「変化」と同じなのです。開成中算数の変化も、これまでのような難しい内容知を要するのではなく、その知識においては5年生までの内容でよい、という誠に驚くべき変化で、しかし、その応用が問われたのでした。

問題が難しいと、やはり練度が要求されますから、浪人や難関私立一貫校がどうしても優位になります。

しかし、問題に用いられている知識が基礎的なものであれば、練度というより、本質的な応用力が問われますので、それだけ数学の素の力を見るうえでは優れている、といえます。難度が高いと、覚えていれば解けるという弊も生じがちです。

こうして、現役が優位になり、ひいては公立トップ高校もそれなりの実績が出たのだ、と思われます。

理解したことのうえに 積み上げたい応用力

ご存じのように、大学入試改革が文科省の会議で議論される答申が出されました。

そこでは大学の選抜において、より高校と大学の教育の一貫に配慮して、要は入試（学力試験）のハードルを下げよう、という方向が打ち出されています。それに伴い、大学入試センター試験に代わる大学入学希望者評価テスト（仮称）という新テストも導入されますが、東京大のように、個別入試でその方向を具現しよう、という考え方もその改革の一翼を担っています。

そうすると、学習指導要綱が、これまでと違って内容知つまり理解を問うものから、それはそれで問うものの、おもに応用知を問うものに変えていくことになっていきます。

それなら個別入試もその方向に変化していくことになりますから、東京大は推薦入試を導入したこの機会に新しい方向に入試問題のあり方を切り替えたのではないでしょうか?

こうなれば入試だけに特別なバイアスがかからず、日ごろの高校授業をしっかりやっていくことが、すなわち入試への対応になる、ということになります。

もちろん、東京大入試に関してそうしたアナウンスがあったわけではありませんが、少なくとも筆者や筆者の周りにいる長年受験に携わってきた指導者がそう受け止めている、と申し上げておきましょう。

私立
INSIDE

首都圏私立高校の入試システムを知る

今回は首都圏4都県の私立高校入試システムについてお話しします。このところ首都圏では公立高校の入試制度が次々と変更されました。その影響を受ける私立高校入試でも、部分的ではありますが入試制度を変更した学校があります。とくに神奈川、千葉、埼玉の私立高校に見られる傾向です。ご兄姉が受験したときとは異なる部分もありますので、注意が必要です。

東京

推薦入試は受験前の12月事前相談で合否がわかる

東京都では、都立高校の入試制度のうち、推薦入試に続いて、学力検査重視の一般入試でもこの春から制度の変更が行われました。しかし、私立高校の入試制度には大きな影響はありませんでした。

東京都の私立高校は、入試日程や選抜方法などを各校が独自に決めています。

したがってその内容はさまざまですが、都内の私立高校の入試は大きく分類すると、1月下旬に実施される「推薦入試」と、2月中旬に実施される「一般入試」の2種類に分けられます。

●推薦入試

推薦入試は例年1月22日以降に実施されます。

推薦入試は、学力試験（筆記試験）は課さず、おもに面接と調査書（内申）によって選抜される入試です。その私立高校に入りたい生徒が受ける入試で、公立高校も含め、他校との併願はできません。所属する中学校長の推薦書が必要です。

都内の私立高校推薦入試では、通常中学校の先生と高校の先生との間で行われる「事前相談」を経てから出願することになります。

「事前相談」は12月の中旬、各私立高校に中学校の先生が赴いて相談します。中学校の先生は、自校からその私立高校を志望している生徒の名簿と内申の一覧を持ち、1人ひとりについて推薦入試を受けることができるかどうか（合格の可能性があるかどうか）を相談するわけです。

「事前相談」で、その私立高校を受けることができるか、の『線引き』となるのが、「推薦基準」です。これは、事前に高校側から具体的な数値で示されています。

ほとんどの高校では「内申」を基準数値としています。基準数値は「9教科合わせて○点以上、ただし1がないこと」や、「9教科合計○点以上、そのうち5教科合計は○点以上」など、各教科5段階評価での合計数値で示されます。

事前相談で推薦基準をクリアしていればほとんど合格という学校が多いのですが、なかには推薦基準は出願のための最低ラインという学校（おもに難関校）もあり、このような学

校では、推薦入試でありながら、受験生の学力を見極めるため「適性検査」を実施します。この場合の「適性検査」は、学力試験と言ってよいもので、それなりの対策が必要です。つまり、推薦基準はあくまでも応募資格であり、学力を見極めるための適性検査で基準に達しないと合格にならないということです。適性検査受験が必要な学校の推薦入試では、適性検査の結果と内申との合算方式をとる学校もあります。

　このほか、B推薦と呼ばれる他校（私立・公立）と併願できる推薦制度を持つ学校がありますが、現在は千葉・埼玉在住の生徒が都内私立高校を第2志望とするケースだけで許されており、以前のように都内在住生や神奈川在住生が受けることはできなくなっています。

　このように、ひと言に推薦入試といっても各私立高校でその制度・形態はさまざまですから、よく研究しておきましょう。

●一般入試

　一般入試は例年2月10日以降に行われ、2月13日までに大半が終了します。また、私立高校間の併願機会を増やす目的で受験日を複数設定する私立高校が増えています。ほとんどの学校が国語、数学、英語の3教科の学力試験と面接での選抜となります。

　都立高校を第1志望とする場合で、都立高校が不合格だった場合に必ず入学するという条件で、一般入試で併願優遇制度を導入する私立高校も多くなっています。方法としては学力試験の得点に加算措置をすることで対応しています。加算措置があるので併願優遇制度を利用して受験した方が有利とも言えます。このほかにも、一部の上位校を除いて、ほとんどの私立高校がなんらかの優遇制度を取り入れています。

　受験生の多くはそれらの優遇制度を活用して入試に臨みます。

　その私立高校が第1志望であれば単願推薦制度を活用することはもちろんですが、一般入試でも活用できる制度の情報を得ることが重要です。私立高校の優遇制度は学校ごとに異なるので、受験する可能性がある高校の説明会には必ず参加して、どんな優遇制度があるのかを確認しましょう。

　併願優遇制度を使う場合も、基本的に中学校の先生と高校の先生との「事前相談」が必要となります。その際も内申基準をベースに相談がなされます。

神奈川

公立との入試日程が近く 慌ただしい私立入試

　神奈川県の公立高校は2013年度（平成25年度）入試から、前期・後期制を廃して1本化され、入試日程も2月中旬へと遅くなりました。このため私立高校の入試制度・日程も、その影響を受けて変化しています。神奈川県内の私立高校は各校で入試制度を設けていますが、大きく分類すると、1月下旬に実施される「推薦入試」と2月中旬に実施される「一般入試」に分けられます。

●推薦入試

　例年1月22日から始まる、神奈川県内私立高校の推薦入試には学力試験はなく、調査書と面接や作文での選抜となります。推薦入試は第1志望者を対象としており、ほかの公立・私立高校を併願することはできません。

　この推薦入試は、前項の東京都同様、事前確約型で、願書の提出前の12月中旬に、中学校と私立高校の間で「事前相談（入試相談）」が行われ、合格の可能性が高校側から示されます。

　その時点で、その高校の推薦基準を上回っていれば合格が内定します。ですから、この事前相談が「事実上の入試選抜」ということになります。この事前相談の機会を逃すと、「成績は足りているから」と、あとから申し出ても、受験が難しくなりますので注意したいところです。

　「推薦基準」は、ほとんどの高校では「内申」を基準数値としています。東京の項でも述べましたが、「9教科で○点以上、ただし1がないこと」や、「9教科で○点以上、そのうち5教科は○点以上」などの数値となります。

　ただ**慶應義塾**など難関校では、推薦基準の数値は出願のための資格に過ぎない、という学校もありますのでよく調べましょう。

　なお、2012年度（平成24年度）入試まで行われていた「推薦Ⅱ」（公立高校の前期選抜〜推薦入試〜とのみ併願が可能でした）という制度は廃止されています。

●一般入試

　ほとんどの私立高校が国語、数学、

英語の3教科の学力試験と面接での選抜となります。調査書も提出しますが、公立高校のように点数化はされません。

この一般入試のなかで「他の高校を受験しない」ことを条件に、「専願優遇制度」を実施している学校も多くあります。各私立高校が定めた成績基準をクリアしていれば合格を確約してもらえます。

学力試験は行われますが、基本的には合格が保証されます。専願は「単願」と呼ばれることもあります。

「専願優遇制度」では、推薦入試と同じように中学校の先生と高校の先生との「事前相談」が必要となります。その際も高校側の成績基準が合格ラインです。

また、出願時に中学校の調査書を必要としないオープン入試を実施する学校もあります。オープン入試は、私立高校・公立高校ともに併願することが可能で、合格すれば志望するどちらかの高校に入学できます。

オープン入試は、当日の入試結果（学力試験の得点）のみで合否を決定し、調査書の基準は加味しない制度です。遅刻・欠席が多かったり、1教科が不得手など、調査書では不利な受験生には魅力のある制度です。

また、学力試験のみで選抜しようとする難関校ではオープン入試しか実施しない学校もあります。

さて、私立高校の一般入試は2月10日から始まります。

この入試から、公立高校入試（今春は2月16日）までの期間が非常に短いため、受験生が安心して公立高校受検に向かえない事態となって、存在感を増したのが「書類選考」入試です。

「書類選考」入試は事前に志願票、調査書、作文などを提出することのみで合否判定するもので、受験生はその学校に足を運ぶ必要がありません。つまり、一般入試でありながら学力試験などのいわゆる入試を受ける必要がないのです。

学校側も慌ただしい入試日程のなかで、負担が軽減されることから、多くの学校が採用に動きました。現在の公立高校入試とのタイトな日程が続く限り、来春以降も採用校が増えていくことが考えられます。

もともと「書類選考」は、**法政二**と**法政女子**が第1志望者向けに始めた制度で、この2校はいまでも推薦入試と変わりのない制度となっています。

神奈川は公立進学志向が強く、公立高校入試の日までに滑り止め校である私立高校の合格を決定しておきたい受験生心理が働きます。各私立高校はその要望に応えた制度・日程を準備する必要があるのです。

この背景を理解しておけば、一般入試のなかに「専願優遇制度」があったり、「オープン入試」や「書類選考」が制度として出現してくることもうなづけると思います。

千葉

前期選抜の期間中に推薦・一般も行われる

千葉県の私立高校は1月中旬に前期選抜、2月上旬に後期選抜が実施されますが、公立高校入試の一本化に伴い、後述する埼玉県同様、前期選抜に応募者が集中します。

前期選抜期間中に推薦入試（単願・併願）だけでなく、一般入試が実施されていることもこの傾向に拍車をかけており、前期募集のみしか実施しない学校もあります。定員の8割以上を前期募集定員とする学校がほとんどです。

●前期選抜

前期選抜は例年1月17日から始まり、推薦入試（単願・併願）と一般入試の両方が行われます。

推薦入試では、学校推薦のほかに自己推薦制度を実施する学校もあります。学校推薦は中学校長の推薦書が必要で、おもに面接と調査書、作文などで選抜されます。しかし、最近では学校推薦であっても学力試験を実施する学校も増えてきています。それらの学校では推薦といっても不合格となる場合があります。

学校推薦では、12月中旬に、中学校の先生がその私立高校を受験予定の生徒の成績表を持って私立高校に出向き、1人ひとりの合格の可能性を相談する「事前相談」があります。

その内容は東京と変わりませんが、入試相談の基準は、あらかじめ私立高校から「単願なら9科合計○点以上、併願なら○点以上」などと中学校側に通知されていて、その基準をもとに11月に三者面談が行われていますから、学校推薦については、三者面談の段階で大半の私立高校の合否はほぼわかってしまうと言っても過言ではありません。

事前相談の結果は私立高校によってさまざまですが、学校推薦への答えとして「ほぼ合格内定」をしてくれる学校や、入試の点数に「加点してくれる」学校など、いずれにしてもかなり有利に受験できることになります。

前期選抜のうち自己推薦や一般入試では、学力試験が実施され、実力勝負の選抜となっています。学力試験を実施する学校は、ほとんどが国語、数学、英語の3教科です。学校によって入試制度は異なりますが、同じ学校でも科やコースによって入試内容が異なる場合があります。

また、1月17日と18日の両日に前期募集の試験日を設定する学校が多いため各校の試験日が重複することになります。志望校の入試制度、日程をよく理解しておきましょう。

●後期選抜

後期選抜は例年2月5日以降に実施されますが、千葉の私立高校入試は前期選抜が主体となり、後期選抜は規模が小さく2次募集的です。入試は3教科の学力試験と面接で行われる学校がほとんどです。

人気校では、前期選抜で不合格となり後期選抜でリベンジを狙う受験生が集中する場合があり、もともと募集人員が少ない入試となっていますので、高倍率になることがあります。

埼玉

埼玉私立の合格者は ほとんどが1月中に決定

埼玉県公立高校の入試制度が一本化された影響から、私立高校入試でも前期・後期の区分がなくなり、県内私立高校のほとんどが、従来の前期期間である1月に入試をほぼ終えています。入試解禁日の1月22日以降、早い時期に入試が実施されるようになっているのです。

この期間に単願入試・併願入試ともに行われています。

多くの学校で学校推薦（おもに単願）や自己推薦（単願・併願）制度があり、内申による出願基準が設けられています。

埼玉では、単願・併願入試とも国語、数学、英語の3教科で学力試験を実施する学校が多く、学力重視の選抜になっています。従来の後期期間（2月以降）に入試を設定している学校も、なかにはありますが、募集枠は少なく2次募集的です。

埼玉県内の私立高校では、東京、神奈川、千葉の私立高校で行なわれる中学校の先生と高校の先生による「事前相談」（東京の項に詳細あり）はありません。このため、受験生・保護者自身が各校の学校説明会や個別相談会で、合格の見通しを聞くことになります。

●1月入試

前述の通り、埼玉県の私立高校では、1月入試のなかで「単願入試」も「併願入試」も行います。

併願入試では、公立1校のみ併願可能な場合と、制限なく併願可能な場合があり、合格後に一時金を納入すれば（不要の高校もあります）、公立高校の合格発表まで入学手続きを待ってくれます。また、併願入試だけで受験日を2〜4回設定する高校もあります。

1月入試は、各高校の推薦基準を満たしている生徒が受験することができますが、中学校長の推薦が必要な「学校推薦」と、必要としない「自己推薦」があります。

これらの推薦を受けるために必要なのが「個別相談」です。前述していますが、埼玉県の私立高校では、他都県のような中学校の先生と私立高校が面談する事前相談を廃止しているため、個別相談が行われています。個別相談は学校説明会（10〜12月）と同時に行われることが多く、受験生・保護者は成績表のコピーや模擬試験の結果、英検などの検定資格、表彰状のコピーなどを持参して、直接高校から合否の見通しを聞きます。

選抜方法は、単願入試、併願入試ともに大半の高校で国語、数学、英語3科目の学力試験が行われます。高校によって、学力試験を重視する場合と個別相談で示された受験生の成績を重視する場合の2通りがあります。

1月入試では、上記のほかに特待生推薦、文化・スポーツ等特別推薦などを実施する高校もあります。

個別相談が実施されていることから、埼玉私立高校の1月入試は不合格者の少ない入試となっています。

●2月以降入試

埼玉県の私立高校の2月以降入試は、当日の学力試験によって合否が決まる実力勝負の試験です。しかし、1月入試で募集人数の大部分が決まっていることもあって募集人員は少なく、「単願入試」などの名称で公立高校入試合格発表日（来春は3月10日）以降に実施される入試もあるなど、他都県生向けや2次募集的な入試となっています。

2016年度 神奈川県 公立高校入試結果

安田教育研究所 代表 安田 理

2016年度（平成28年度）の神奈川県公立高校入試では全日制の平均応募倍率が1・22倍、平均実倍率が1・20倍でした。ともに前年度より0・02ポイント上昇しています。現行制度4年目を迎え、入試状況を予想しやすくなったのでしょう。これまでの安全志向から上位校志向が少し強まった印象です。

平均実倍率は 1・18倍から1・20倍に

2016年度は5万2638人が受検し、4万3609人が合格しました。受検後に取り消しをした310人を除いた平均実倍率は1・20倍で、前年度まで2年連続変わらなかった1・18倍を0・02ポイント上回りました。初年度は1・17倍ですから、現行制度では最も高い平均実倍率になりました。

2015年度（平成27年度）は5万1471人が受検し、4万3291人が合格。受検後の取り消しは314人でした。初めて現行制度となった2013年度（平成25年度）以降、平均実倍率は1・17倍→1・18倍→1・18倍→1・20倍と推移しています。

学科別に見ていくと、普通科が初年度1・15倍→1・18倍→1・20倍→1・22倍と3年連続で上昇している一方、専門学科は初年度1・20倍→1・13倍→1・09倍→1・09倍と下げ止まりました。

最も平均実倍率が高かった学科は、普通科専門コースと単位制専門学科の1・26倍でした。どちらも芸術科やスポーツ科、理数科、国際科など特定の教科に特化したコースや学科が人気を集めています。

単位制専門学科では例年、高人気の**市立横浜サイエンスフロンティア**の理数科は1・67倍→1・46倍→1・61倍→1・46倍と2年前と同じ実倍率に緩和しました。隔年現象が続けば、次年度は上昇する年にあたるうえ、附属中学も開校するので要注意です。

横浜国際の国際情報科も、臨時定員増と前年度1・30倍から1・71倍に大きく上昇した反動もあって1・38倍にダウンしました。同校も次年度は募集数を元に戻す可能性が高いのに加え、隔年現象で実倍率が上昇しそうです。

難関校の実倍率トップ3校は 横浜翠嵐・希望ケ丘・大和

普通科の実倍率上位10校のうち、学力向上進学重点校は6校。前年の7校をわずかに下回りましたが、相変わらず高い割合です。

最も実倍率が高かったのは**横浜翠嵐**の1・62倍で、2年ぶりに首位に返り咲きました。応募倍率では4年連続でトップを維持していますが、前年度は200人近く欠席や受検後取り消し者がいたため、実倍率を下

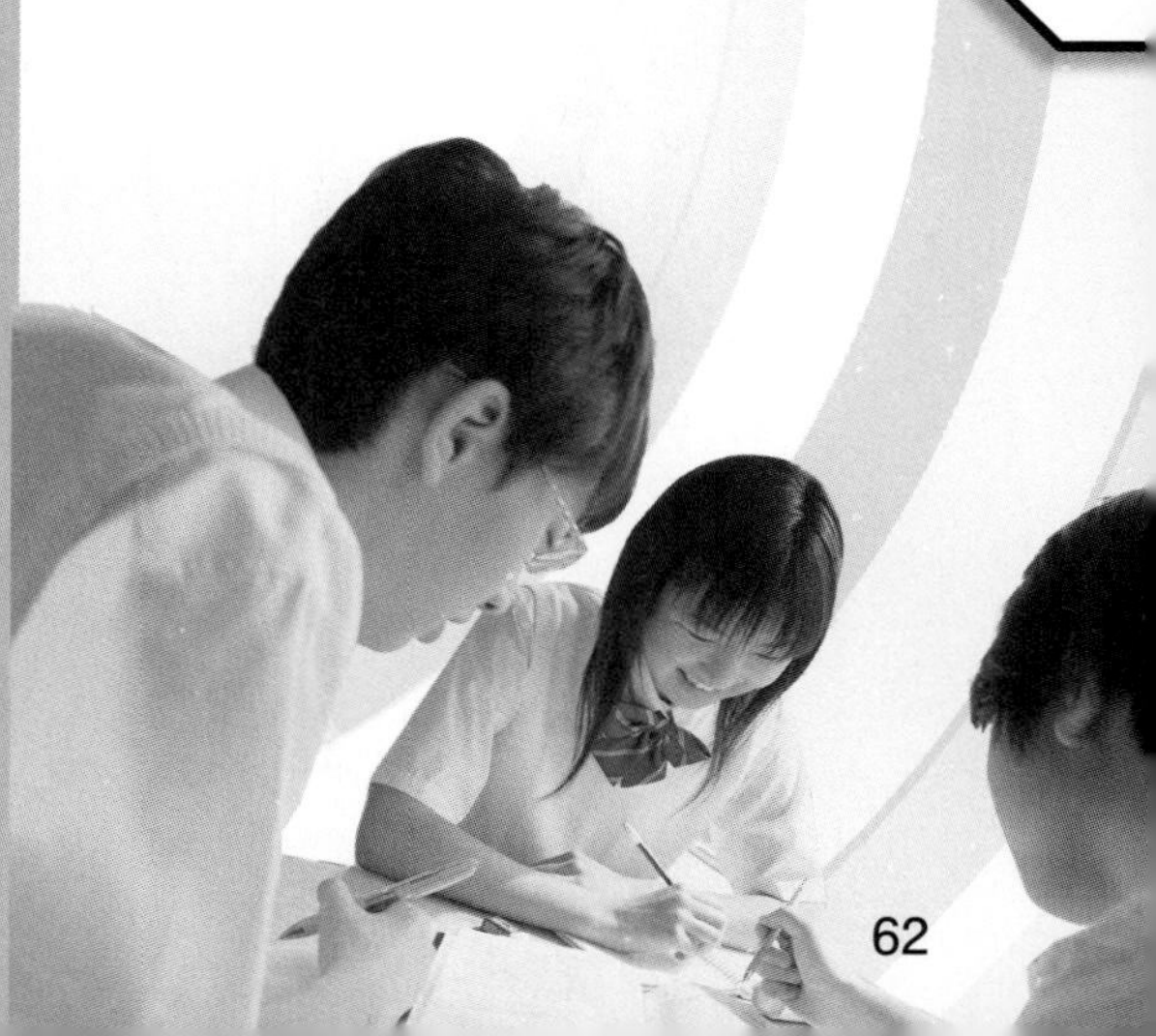

げました。

今年度は受検後取り消し者は84人に減り、高い実倍率になりました。それでも受検後取り消し数は**湘南**の49人を上回り県内最多です。難関国・私立高校との併願者の多さが伺えます。

2位の**希望ケ丘**は前年度までは1・20倍前後で安定していましたが、早慶をはじめとした難関大学合格実績を大きく伸ばして人気が上昇しました。以下、**大和**、**多摩**、**光陵**、**川和**が学力向上進学重点校で上位10校にランク入りしています。このうち、希望ケ丘以外の5校が前年に続いて上位10校に名を連ねています。

常連校の湘南が1・68倍から1・38倍にダウン、東京大・京都大・東京工大や早慶といった難関大学合格実績では横浜翠嵐を上回り人気を集めそうでしたが、敬遠傾向が強かったせいか受検者を減らしています。難関校に変わりはありませんが、ここまで実倍率が下がると次年度の上昇はほぼ確実でしょう。

また、前年トップの**横浜緑ケ丘**や重点校のなかでも難関の1つにあたる**柏陽**が、1・43倍で低くはないものの上位10校からははずれました。

普通科以外では**上矢部**（美術工芸コース）1・69倍、**市立橘**（スポーツ科）1・64倍、**弥栄**の芸術科音楽専攻が1・64倍、芸術科美術専攻が1・63倍など、定員の少ない特化した学科やコースの高倍率校がめだちました。

受検者数最多は今年度も横浜翠嵐

受検者数上位10校では横浜翠嵐がトップを3年連続で維持しました。1年おきに増減を繰り返す隔年現象が続いていて、今年度は増える年にあたっていました。６７４人の受検数は前年の５６１人はもちろん、２年前の６４６人も上回り、新制度では最も多くなりました。

湘南と難関校の双璧というイメージのある伝統校ですが、人気では県内トップとしての強さを感じます。一方、前年に差を縮めた湘南は隔年現象も手伝ってか受検者数を６０５人から５４３人に大きく減らしています。両校は隔年現象の増減が交互に起きているため、次年度はその差が縮まることになりそうです。

公立入試の受検後に合格発表のある難関私立高校を第1志望にした生徒が、受検後に出願を取り消しますが、前年度は３９１人から３１４人に大きく減少しました。今年度は３１０人が辞退し、わずかながら2年連続で減少傾向です。それだけ県内公立を第1志望とする成績上位生の割合が増えているようです。

定員割れをした全日制高校は13校で2次募集数は２４５人でした。前年の15校１０５人、2年前の7校35人を大きく上回りました。新制度実施初年度にあたる3年前の23校１８０人を破り、現行制度で最多です。

制度変更前には高倍率がめだったクリエイティブスクールの**大楠**の欠員１１０人が最も大きな要因です。公立高校の再編計画で同校は**横須賀明光**と統合され廃校になることが公表されています。その結果、敬遠されたのでしょう。

今後も再編計画で順次統廃合される高校が公表されていく予定です。同様の動きが増えるかもしれません。

次年度に向けて今後の県の発表などにも注目

新制度で5年目を迎える２０１７年度（平成29年度）入試でも全体の平均実倍率はそう大きくは変わらないでしょう。

２０１６年度に人気の高かった反動で多少緩和する高校はあっても、難関上位校の人気は安定してきました。仮に減ることがあっても、チャレンジ層が敬遠しただけのことなので、難度はほぼ下がらないと考えるべきです。

大学合格実績も見逃せません。今春、東京大合格者数を０人から５人に増やし、併設中学開校を控えた市立横浜サイエンスフロンティアが、２０１６年度の希望ケ丘のように人気を集めるかもしれません。

２０１６年度は中学卒業予定者数が増加しましたが、臨時で募集数を増やした上位校は横浜国際だけでした。２０１７年度は中学卒業予定者数が減少する見込みです。人口の変動に応じて公立高校の募集数も変化するので、複数校が定員を減少することになります。

一方、全体の人口が減少していても地域によっては人口増に応じて臨時増員する高校もあります。これまでは毎年、一部の学力向上進学重点校が臨時定員増や増員維持をしています。次年度以降も上位校で定員を増やす可能性はあります。

インターネットなどを通じて、志望校になりそうな高校の定員や募集方法について今後の県発表に注目しましょう。

学校選びを始める前にそのプロセスを知る

中学生になったときから、高校入試はスタートしているといっても過言ではありません。志望校のイメージは、初めこそぼんやりとしたものであったとしても、具体的に志望校を絞り込む作業は否が応でも始まります。今回は、どのようなプロセスを踏んで学校を選んでいくものなのか、その手順をご紹介します。

学校説明会への参加が学校選びの第1歩

前号まで、高校を選ぶための情報として「国立、公立、私立高校の違い」「男子校、女子校、共学校の違い」をお話ししてきました。自分に合った学校のイメージは湧いてきたでしょうか。

さて、志望校を絞り込むために、まず必要なことは、各校の入試に関する特徴や傾向といった情報をしっかりと集めることです。そのことによって「高校」というものに興味が湧き、動機も生まれ、受験への意欲も出てきます。

情報集めに関して、最も信頼度が高いのが、各校の「学校説明会」への参加です。高校の学校説明会は、早いところでは5月のうちから開催されます。そして夏休みを境に増えていきます。私立高校などは、土日が来るたびなど、多くの日程を組んで「学校説明会」が実施されます。

最近では公立高校でも夏から秋にかけて最低2回以上は開催され、それ以外に「授業見学」などとともにミニ説明会を実施するところがほとんどになりました。公立高校でも後述するような「合同学校説明会」も開催されるようになっています。

中学3年生になったら、志望することになるであろう学校、また興味のある学校の説明会には必ず行くようにしましょう。

とくに秋以降の学校説明会は、校風を知るだけではなく、推薦基準（私立高校）や入試問題の傾向などの入試対策に直結する情報が手に入る機会ともなりますので、夏休み前に一度訪ねた学校でも、志望校となる学校には、再度足を運ぶことをおすすめします。

また、各校の学校案内（冊子やパンフレット）は、年初に企画され、夏休み前に印刷されているものです。にもかかわらず、入試に関する詳細は、夏休み中、または、夏休み後に決定されることが多いのです。ですから、学校案内を見ているだけではわからないことがたくさんあります。

学校説明会に参加することは、その学校の雰囲気を知るために大きな効果があるとともに、情報収集の柱でもあるのです。

説明会には、各校で個別に開催されるものとは別に「合同学校説明会」というものもあります。どこかに会場を設定して、いくつかの学校が合同で、同時に説明会を実施するもの

です。私立高校が始めた企画でしたが、前述のように最近では公立高校でも、このタイプの説明会が多く実施されるようになっています。また、以前は考えられませんでしたが、私立高校と公立高校が組んだ合同学校説明会も行われています。

　このような合同学校説明会では、講演会が併設されていたり、同時に複数の学校の説明を聞くことが可能なうえに、学校案内も複数校を手に入れることができるなどのメリットがありますが、実際に志望校に足を運ぶことを上回るものではありません。

　合同説明会で複数校を知り、志望校は学校を訪れて確かめるというスタイルがよいと思います。

各校のホームページも参考にはなるが…

　インターネット上では、すべての学校が、各校の学校情報をホームページで公開しています。しかし、気をつけなければならない点もあります。

　受験が近づいた時点では、応募者情報など「スピードが命」の情報があり、これはインターネットのスピードにかなうものはありません。

ただ、ホームページがいくらきらびやかでも、学校に関する情報の部分では「学校案内」の内容とあまり変わらない、という学校も多くあります。

　つまり、本当に知りたい情報はあまり詳しくは掲載されていない学校もあるということです。

　インターネット画面で、いくつかの学校を検索しただけで、その学校を「わかった」気になるのは危険です。入学後に「ミスマッチだった」ということにもなりかねません。

　インターネット情報も、実際に学校に足を運ぶことによって得る情報を上回るものではありません。

　インターネットで得た知識をベースに、実際に学校に行って、それを確かめながら真の学校の姿、素顔を見てくるようにしましょう。

「体育祭」「文化祭」に行き学校の雰囲気を知る

　「学校の素顔」という点で、それに触れることができるのが体育祭や文化祭、合唱祭などの学校行事です。

　学校行事を見学することによって、その学校、そして生徒の普段の様子をとらえることができます。つまり、生徒の活動ぶりと学校の雰囲気を生で感じ取ることができる機会だと言えるのです。

　私立高校はもちろん、公立高校でも、これらを公開行事としていますので、志望校にと考えている学校には、ぜひ出かけてみましょう（事前予約制としている学校もあります）。

　そこから、生徒たちの姿勢や目の輝き、先生と生徒とのやりとり、上級生と下級生の関係、先生と保護者のかかわり方を知ることで、それぞれの学校文化が見えてきます。

　行事に出かけることで、学校説明会のときとは違う情報を入手することもできます。

　例えば、学校へのアクセスです。学校説明会は比較的、土曜日の午後に開催されることが多く、電車通学にしろ自転車通学にしろ、ラッシュ時とは異なる時間帯での学校訪問となってしまいます。

　文化祭などは土・日開催とはいえ、朝から開催されていますので、通学時間帯に近い時刻に訪問することによって、交通アクセス、最寄り駅から学校への通学路の様子などを体験することができます。

　ただ、体育祭や合唱祭については学校のグラウンドや講堂で開催されるとは限りません。ホームページなどでよく確認しましょう。

　また、「オープンスクール」や「クラブ体験」などと銘打った受験生向け行事も多く開催されています。これらも学校の雰囲気や、先生方、生徒の様子をうかがい知ることができる機会ですので、ぜひ参加してみましょう（こちらも事前予約制としている学校があります）。

公開の「模擬試験」を受け受験本番の予行演習を

　志望校を具体的に選んでいくプロセスとしてもう1つ、「模擬試験」の活用があげられます。

　6月から1月にかけて各模擬試験機関による「模擬試験」が、何回も行われます。

　これには、大きな会場を使用した「会場テスト」と呼ばれるもののほか、通っている塾で受けられるものもあります。

　模擬試験を利用することによって、多くの同学年の受験生のなかでの自分の実力、位置を把握することができます。

　大きな会場で行われる模擬試験では、見知らぬ受験生と机を並べての受験となり、入試本番に近い雰囲気のなかでの予行演習ともなります。

また、実際の志望校が模擬試験の会場となっている場合もありますので見逃さないようにします。その場合は、早めに申し込むように心がけましょう。

ただ、偏差値を目安に示される「合格可能性」は、少し辛めに出てくるものです。もし、可能性が低めに示されたとしても、がっかりしたり、簡単に諦めるのではなく、塾の先生ともよく相談して、最後まで挑戦の気持ちを失わないようにしましょう。

また、重要なことは、一度の模擬試験では本当の実力は計れないということです。模擬試験の結果示される偏差値は、どうしても上下します。得意範囲が出題されることもあれば、逆に見たこともない問題に出会うこともあります。ですから、3回、4回と受けて、その平均を自分の実力と考えれば間違いがないのです。弱点克服の目安ともなります。そして模擬試験は受ければ受けるほど、上下しながらも偏差値があがっていくことも事実です。

中学校での面談を受けて志望校決定へ

9月末の中間試験が終わると、各中学校で個人面談が始まります。この個人面談が、志望校・受験校決定のスタートです。個人面談では、まず、「公立志望なのか、私立志望なのか」をはっきりと先生に伝え、志望校のほかに、2校ぐらいの併願校をあげておきましょう。とくに「自分が行きたい学校」は、明確に伝えてください。

これをスタートに、先生といっしょに考えながら、受験する学校を絞り込んでいきます。

11月の期末試験が終わると、中学3年時の内申がほぼ決まる形となりますので、先生、保護者、受験生本人による「三者面談」が行われます。この三者面談で受験校の最終確認が行われ、東京、神奈川、千葉の私立高校の場合は、12月のなかばに、中学校の先生が、その中学校の生徒が志望する各高校に出向いての「入試相談」が行われます。

「入試相談」では、中学校の先生と、高校の先生が、各生徒の合格可能性について相談します。ここで「出願していいですよ」と言われれば、推薦入試での合格の可能性はかなり高いと言っていいでしょう。

なお、埼玉県では、この「中学校の先生と高校の先生」による「入試相談」は行われていません。埼玉県では受験生・保護者が、学校説明会などで個別に相談することになります。これが「個別相談」と呼ばれているものです。この場合、模擬試験の結果や、中学校での部活動や表彰、検定資格などを持っていきます。

私立高校は「推薦入試」の推薦基準が発表される

公立高校は、その都県内でほぼ同じ日程で入試が行われます。東京は推薦入試（学力検査なし）と一般入試（学力検査あり）の2回の入試が行われ、3回目のチャンスとして「2次募集」も行われます。千葉は前期選抜と後期選抜の2回、入試が行われ、どちらも学力検査が行われます。志願者は前期選抜に、その多くが挑戦します。神奈川、埼玉の公立では1回のみの入試で、いずれも学力検査が行われます。

私立高校は各都県それぞれで入試の開始時期は決まっているものの、各校が入試日程や、入試科目などを独自に決め、発表します。ですから、志望する高校のホームページなどを気をつけて見ておく必要があります。

とくに、私立高校では毎年多くの学校が、細部にわたり変更を行いますので、昨年度の入試要項を見ただけで判断するのは禁物です。

都県によって異なりますが、私立高校の入試には、大きく分けて「推薦入試」と「一般入試」があります。

私立高校の「推薦入試」は、公立高校の1回目の入試よりも前に行われます。

私立高校の推薦入試に出願するためには、各私立高校が独自に設定した「推薦基準」を満たしていなければなりません。10月ごろまでには、各校が学校説明会や入試要項で「推薦基準」を公表します。

「推薦基準」は、「5教科で合わせて○以上」など、内申点で規定している学校がほとんどです。つまり、中学3年生の2学期の成績が重要になるということです。

ただ、2学期に少し成績が下がった場合や、推薦基準に1、2ポイント不足していたとしても「とりあえず相談してください」と言っている学校がほとんどです。ほかの活動（生徒会活動や部活動、英検などの資格）をプラス材料としてくれる場合もあります。

前述した「入試相談」に行っていただく中学校の先生とよく相談してください（埼玉の場合は塾の先生と相談し、直接、私立高校に打診）。

東京私立中高第11支部
合同相談会

私学の魅力わかります

参加校30校（50音順）

穎明館 中学校 高等学校
NHK学園高等学校
桜華女学院中学校
日体桜華高等学校
桜美林 中学校 高等学校
大妻多摩 中学校 高等学校
共立女子第二 中学校 高等学校
錦城高等学校
国立音楽大学附属 中学校 高等学校
啓明学園 中学校 高等学校
工学院大学附属 中学校 高等学校

駒沢学園女子 中学校 高等学校
サレジオ中学校
昭和第一学園高等学校
白梅学園 清修中学校 高等学校
聖パウロ学園高等学校
創　価 中学校 高等学校
拓殖大学第一高等学校
立川女子高等学校
多摩大学附属聖ヶ丘 中学校 高等学校
帝京大学 中学校 高等学校

帝京八王子 中学校 高等学校
東海大学菅生 高等学校 中等部
東京純心女子 中学校 高等学校
桐　朋 中学校 高等学校
八王子学園八王子 中学校 高等学校
八王子実践 中学校 高等学校
明治学院 中学校 東村山高等学校
明治大学付属中野八王子 中学校 高等学校
明　星 中学校 高等学校
明　法 中学校 高等学校

- 私学30校参加
- 資料の配布あり
- 予約不要
- 各校の担当者と個別相談（校風、入試、進学、クラブ活動…）

2016年
5月29日㊐
午前10:00～午後4:00

京王プラザホテル八王子　5階
（JR八王子駅徒歩1分・京王八王子駅徒歩3分）

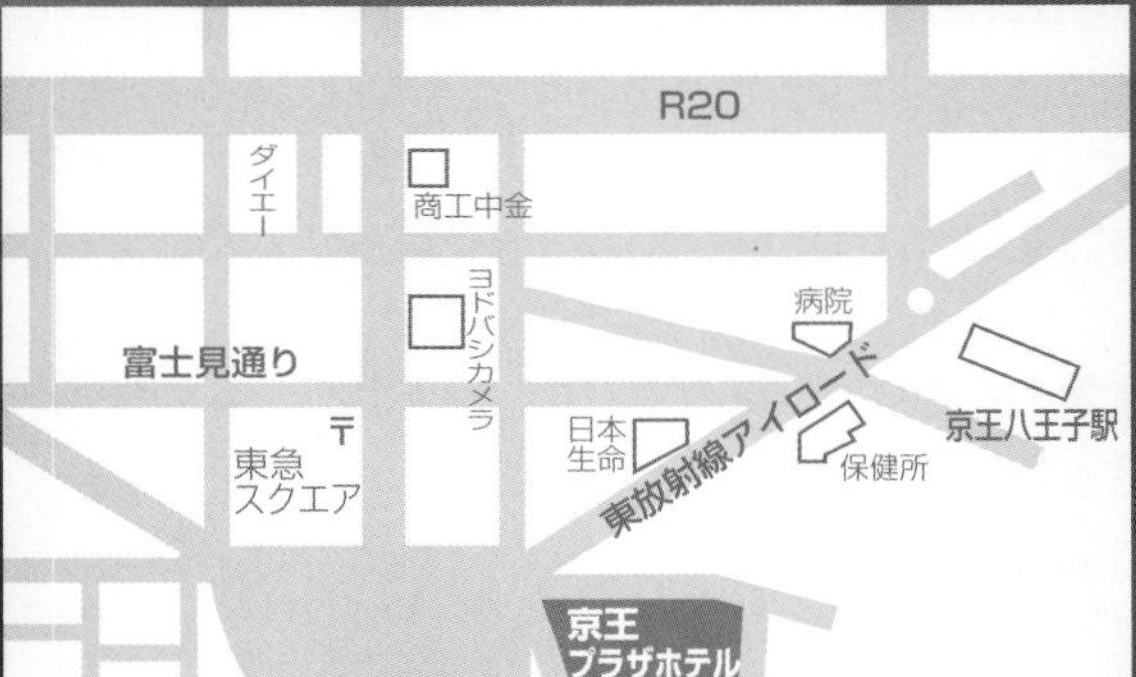

主催：東京私立中学高等学校協会 第11支部　　後援：東京私立中学高等学校協会
問い合わせ先：042(577)2171（桐朋中学校・高等学校）

3月号の答えと解説

問題 Q 熟語しりとりパズル

スタートから始めて、すでに書かれている漢字や下のカギをヒントに、中心に向けて熟語のしりとりをしながら、すべてのマスを漢字でうめてパズルを完成させてください。ただし、数字のついているマスは、カギの熟語の1文字目が入ります。

最後に色のついたマスを縦に読む3文字の熟語を答えてください。

→スタート

1			2 回	3		4
11	死	12			月	
	18	19		20	13	
念				21		5 大
10		22			14	
	17 国	16	15		接	
	9		8 筆		7	6

カギ

1　≒汚名返上
2　避けてぶつからないようにする
3　建物を落雷から守るために屋上に立てます
4　小さい事柄を大げさに言う
5　似たりよったりで、大差ない
6　ほかと異なって特色があること
7　塗り絵をするときに使う
8　手紙や文章を書くのは面倒だ
9　気持ちを落ち着かせ1つの物事に集中
10　あることを成し遂げようと強く心に誓うこと
11　絶体絶命のピンチから、一気に…
12　≒誕生日
13　⇔洋間
14　人の言った言葉を、「　」や“　”を用いずに表します
15　著しく度を越していること。○○な値段
16　よその国
17　東京大や京都大などは、これ
18　学習参考書を略して
19　国民が、政治に直接または間接的に参加できる資格
20　⇔義務
21　社会や他人のことをお構いなしに、自分の利益を最優先にする考え方
22　徴兵によらないで、自発的に軍に参加する兵

解答　生兵法

解説

パズルを完成させると、右のようになります。生兵法の「生」は「生意気」「生半可」などの「生」と同じで「未熟な」を意味し、「兵法」は武術、武芸、軍隊の戦術や用兵などを意味します。そこから、「生兵法」は、知識や技術が十分身についていないという意味になります。さらに、「生兵法は大怪我のもと」は、中途半端な技術や聞きかじりの知識でことを行うと、かえって大きな失敗をするという戒めの意味のことわざです。

＊言葉の解説

・**名誉挽回**…一度傷ついた名誉を取り戻すこと。「名誉」は、世間から優れているという評価を得て尊敬されること。
・**針小棒大**…針ほどのものも棒ほどに大きく言う意味から、物事を大げさに誇張して言うこと。
・**大同小異**…小さな違いはあっても、大体は同じであること。
・**筆不精**…面倒がって手紙や文章などをなかなか書こうとしないこと。
・**一念発起**…心を入れ替えて、ある事を成し遂げようと固く決心すること。
・**起死回生**…いまにもダメになりそうな物事を立て直すこと。

名	誉	挽	回	避	雷	針
起	死	回	**生**	年	月	小
発	学	参	政	権	日	棒
念	大	勇	**兵**	利	本	大
一	立	義	主	己	間	同
統	国	外	**法**	話	接	小
神	精	不	筆	鉛	色	異

中学生のための

学習パズル

今月号の問題

Q 立体パズル

　下は立方体の展開図です。これを組み立てて、３つの面が見えるように置いたとき、ありえないのは下のア～エのうちのどれですか？

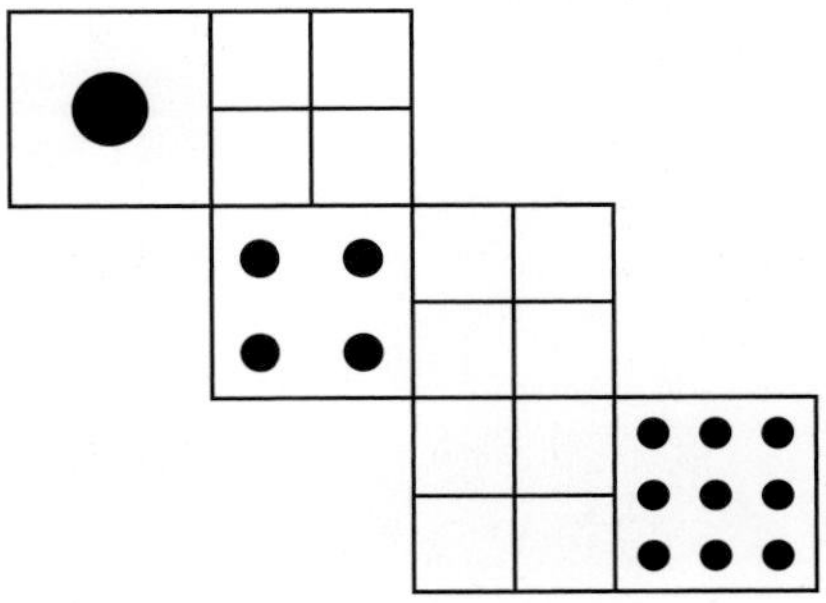

ア

イ

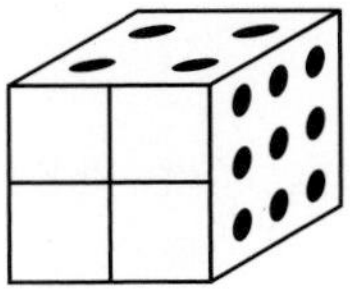

ウ

エ

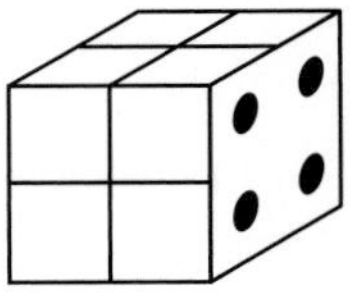

応募方法

左のQRコードからご応募ください。

◎正解者のなかから抽選で３名の方に図書カードをプレゼントいたします。

◎当選者の発表は本誌2016年7月号誌上の予定です。

◎応募締切日 2016年5月15日

3月号学習パズル当選者

全正解者62名

玉木　幹大さん（中３・千葉県船橋市）

有村　和将さん（中１・埼玉県ふじみ野市）

西尾　水希さん（中１・東京都豊島区）

※学年は応募時

に挑戦！！

帝《てい》　京《きょう》　高　等　学　校

問題

次の英文が説明しているものを選び、記号で答えなさい。

1．　Cut vegetables and meat. Heat oil in skillet. Stir-fry the meat until cooked. Add carrots, onions and bell peppers. Then stir-fry for 3 minutes. Add cabbage and stir-fry for 2 minutes. Add noodles. Add sauce and stir quickly.

ア．うどん　　イ．ラーメン　　ウ．焼きそば　　エ．スパゲティ

2．　Blend butter, sugar and milk till creamy with food processor. Add flour and almond powder and mix well. Do not overwork. Make cylinder and wrap it. Chill inside fridge for 30 minutes. Cut into pieces and bake at 170℃ for 20 minutes.

ア．シュークリーム　　イ．パンケーキ　　ウ．せんべい　　エ．クッキー

解答　1.ウ　2.エ

■ 東京都板橋区稲荷台27-1
■ 都営三田線「板橋本町駅」徒歩８分、JR埼京線「十条駅」徒歩12分
■ 03-3963-4711
■ http://www.teikyo.ed.jp/

高等学校説明会

9月10日（土）　13：30
10月15日（土）　13：30
10月30日（日）　11：00
11月12日（土）　13：30
11月20日（日）　11：00
11月26日（土）　13：30
12月３日（土）　13：30

オープンスクール　要予約

両日とも９：00～12：30
８月27日（土）　８月28日（日）

蜂桜祭（文化祭）

両日とも９：00～15：00
10月１日（土）　10月２日（日）

星《ほし》野《の》高等学校（女子部・共学部）

問題

次の各文の（　　）内の動詞を英文に合うように、正しい形（１語）に直して書いたとき、その書き直した語に含まれていない文字はどれか答えなさい。例を参考にしなさい。

（例）Yesterday I（study）math with Maki at home.
ア．y　イ．i　ウ．d　エ．t
直す形はstudied です。ア～エのうち、studied に含まれていない文字は、アの y ですから、答えは「ア」となります。

(1) English is（teach）to us by Ms.Kimura this year.
ア．a　イ．g　ウ．e　エ．t

(2) I（throw）a ball to my brother and he jumped up to catch it in his glove.
ア．u　イ．e　ウ．w　エ．r

(3) Last night I was surprised to find that a cat was（lie）on the table in my room.
ア．n　イ．a　ウ．y　エ．i

解答　(1) ウ　(2) ア　(3) イ

(女子部)
■ 埼玉県川越市末広町３-９-１
■ 東武東上線「川越市駅」徒歩12分、西武新宿線「本川越駅」徒歩14分
■ 049-222-4488
■ http://www.hoshino.ac.jp/
※共学部も共通URL

(共学部)
■ 埼玉県川越市石原町２-71-11
■ JR埼京線・川越線・東武東上線「川越駅」、西武新宿線「本川越駅」ほかスクールバス
■ 049-222-4489

学校見学会

７月18日（月祝）　８月６日（土）
８月13日（土）

星華祭（文化祭）

９月10日（土）　９月11日（日）

私立高校の入試問題

佼《こう》成《せい》学《がく》園《えん》女《じょ》子《し》高等学校

問題

次の図は円錐の展開図で，円錐の側面である扇形の中心角は120°，半径は18㎝です。このとき，次の問いに答えなさい。ただし，円周率はπとします。

(1) 円錐の底面の半径，および円錐の体積を求めなさい。

(2) この円錐の底面と側面に内側で接する球の半径を求めなさい。

(3) この円錐の底面を上にした，ふたのない容器があります。この容器に水を満たしてから，(2)の球を入れたとき，容器内に残っている水の量を求めなさい。

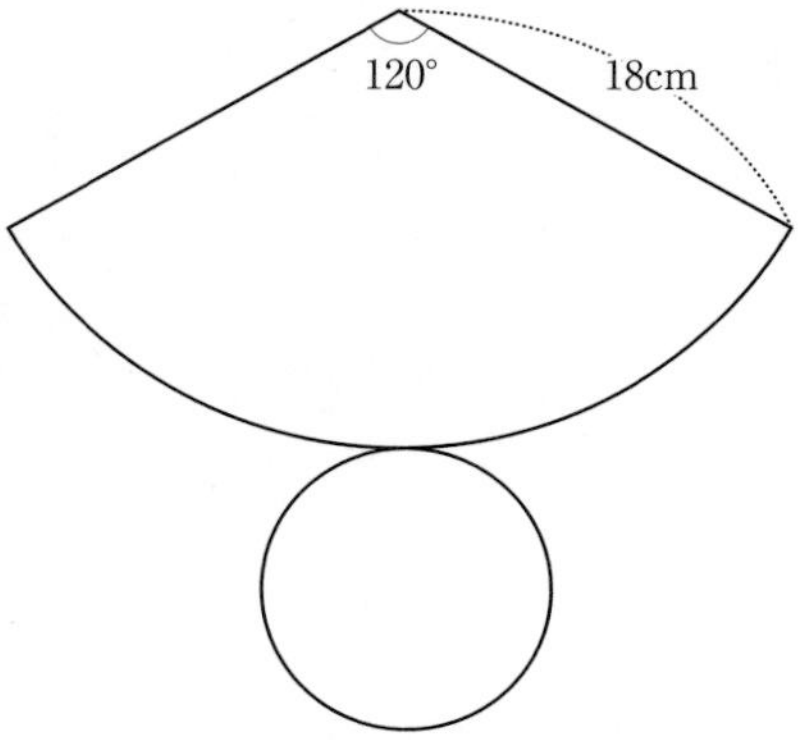

■ 東京都世田谷区給田2-1-1

■ 京王線「千歳烏山駅」徒歩6分、小田急線「千歳船橋駅」「成城学園前駅」バス

■ 03-3300-2351

■ http://www.girls.kosei.ac.jp/

解答 (1) 半径6cm，体積$144\sqrt{2}\pi$cm³ (2) $3\sqrt{2}$cm (3) $72\sqrt{2}\pi$cm³

巣《す》鴨《がも》高等学校

問題

大中小のさいころを同時に投げて出た目をa，b，cとする。3つの角の大きさとして$\left(\frac{180}{a}\right)^\circ$，$\left(\frac{180}{b}\right)^\circ$，$\left(\frac{180}{c}\right)^\circ$を考える。このとき，次の各問いに答えよ。

(1) この3つが，直角二等辺三角形の内角の大きさとなる確率を求めよ。

(2) この3つが，辺の長さがすべて異なる三角形の内角の大きさとなる確率を求めよ。

(3) この3つが，三角形の内角の大きさとなる確率を求めよ。

■ 東京都豊島区上池袋1-21-1

■ 都電荒川線「巣鴨新田駅」徒歩8分、JR山手線「大塚駅」・東武東上線「北池袋駅」徒歩10分、JR山手線ほか「池袋駅」・JR埼京線「板橋駅」・地下鉄有楽町線「東池袋駅」・都営三田線「西巣鴨駅」徒歩15分

■ 03-3918-5311

■ http://www.sugamo.ed.jp/

学校説明会

すべて10：00～12：00
6月18日（土） 10月8日（土）
11月12日（土）

文化祭

9月17日（土） 9月18日（日）

体育祭

9月21日（水）

解答 (1) $\frac{1}{72}$ (2) $\frac{1}{36}$ (3) $\frac{5}{108}$

Letter section

みんなの
お便りコーナー

サクセス広場

テーマ

○○にひと言もの申す！

姉に。いつも自分が買ってくる**プリン**を食べるな！「え、全然知らな～い」とか白々しいんだよ！　部屋にプリンのゴミがあるじゃん！
（中２・プリン愛さん）

いつも不思議な言動をするお母さんへ。**天然ボケ**を治してください。私のつっこみ力が鍛えられすぎて、このままだと芸人になれちゃいそうです。
（中２・遺伝子組み替え隊さん）

飼っているネコに言いたい。かわいいのはわかる。わかるんだけど、ぼくのベッドの上でぼくのスペースを占拠して**寝る**のはやめてください。
（中３・犬神様さん）

S先生、いつも大きな声で話してくれるんですけど、大きすぎてたまに頭が痛くなります。もう少し**ボリュームを抑えて**ください…。
（中１・メガホン並さん）

掃除が苦手で、ぐうたらな私は、よく父に叱られます。でも、父の書斎もちらかり放題で、休みの日は寝てばかり。お父さん、私たち**似たもの親子**だから！
（中１・K.U.さん）

うちのイヌは、父と母の言うことは聞くのに、私の言うことは聞きません。かわいいから許すけど、言っておくけど、捨てられていたキミを**拾ってきたのは私**なんだから！
（中１・モモ大好きさん）

テーマ

新学期から始めたいこと

毎朝早起きして、学校に行く前に**家の近くを走ろう**と思っています。部活動の同級生のなかで自分がダントツで体力がないので。
（中１・コソ練マンさん）

手帳をつける。中学校最後の１年だから、勉強も頑張らないといけないし、友だちとの時間も大切にしたい。きちんと予定を立てて、時間を有効に使います！
（中３・I.O.さん）

夜ふかしをやめたい。とくにすることもないのに、なぜか毎日のようにダラダラと起きてしまう…。
（中３・遅刻常習犯さん）

筋トレ！　細マッチョをめざします。そしてモテたい！
（中２・筋トレマンさん）

授業の**予習復習**をちゃんとやりたい。じつはいままで結構サボってきたので、受験生になることだし、ちゃんとやっていきたい！
（中２・心機一転さん）

無遅刻・無欠席をめざす！　去年は風邪をひいて休んじゃったから。
（中２・山さん）

テーマ

もし政治家になったら…

兄が就職活動で苦労していたし、実際に**就職難**とよく聞くので、なんとかそれを**解消**したいです。
（中２・氷河期はいやださん）

政治家の給料を減らします！いやでも、自分はいっぱいほしいなぁ…いや減らします！
（中２・迷える子羊さん）

消費税を5%に戻したい！　10%になるのも嫌だ！
（中２・お小遣いアップ希望さん）

中高生の間に１回は被災地などに行って**ボランティア活動**をすることを義務づけるというのはどうだろうか。
（中３・人生50年さん）

大学までの授業料を無料にしたいです！　経済的理由で進学を諦めなきゃいけない人のために。
（中３・まるさん）

必須記入事項

A／テーマ、その理由　**B**／郵便番号・住所
C／氏名　**D**／学年　**E**／ご意見、ご感想など

右のQRコードからケータイ・スマホでどしどしお寄せください！
住所・氏名は正しく書いてください!!
ペンネームは氏名のうしろに(　)で書いてネ！
【例】サク山太郎(サクちゃん)

Present!!
掲載された方には抽選で
図書カードをお届けします！

募集中のテーマ

「雨の日の楽しみ」

「勉強のコツ【数学】」

「好きな給食メニュー」

応募〆切 2016年5月15日

ここから応募してね！

ケータイ・スマホから上のQRコードを読み取って応募してください。

掲載にあたり一部文章を整理することもございます。個人情報については、図書カードのお届けにのみ使用し、その他の目的では使用いたしません。

世間で注目のイベントを紹介

サクセス イベントスケジュール

4月～5月

ショウブ

端午《たんご》の節句に欠かせないショウブ湯。ショウブは、形が刀に似ていることなどから、男の子にとって縁起がよい植物として重宝され、また、独特の爽やかな香りに邪悪なものを払う力があると考えられているんだ。ショウブ湯で温まって気分もリフレッシュ！

1

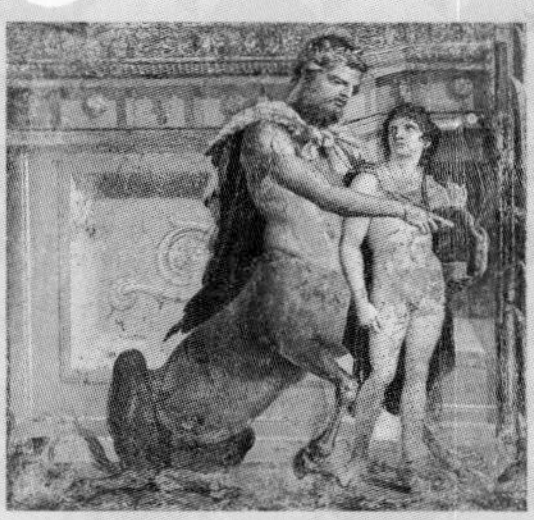

2

3

4

5

6

1　日本一の兵、真田信繁

2016年NHK大河ドラマ
特別展 真田丸
4月29日（金祝）～6月19日（日）
東京都江戸東京博物館

現在放映中のNHKの大河ドラマ「真田丸」。みんなのなかにも「毎週楽しみに見てるよ！」という人がいるんじゃないかな。この展覧会では、ドラマの主人公真田信繁（幸村）の生涯を、さまざまなゆかりの品や歴史資料とともに紹介しながら、信繁はどんな人物であったのか、そして、彼が生きた時代の様子を浮き彫りにしていく内容だ（Ｐ10組20名）。

2　永遠のポンペイ

日伊国交樹立150周年記念
世界遺産
ポンペイの壁画展
4月29日（金祝）～7月3日（日）
森アーツセンターギャラリー

紀元後79年、南イタリア・ナポリ近郊の町ポンペイを悲劇が襲った。火山の噴火による火山灰と火砕流が、逃げ遅れた人ともども町を覆い尽くしてしまったんだ。ポンペイの遺跡は18世紀に再発見され、古代ローマの豊かな暮らしぶりを現在に伝えている。展覧会では、日本初公開の美しいポンペイ壁画が鑑賞できるよ（Ｐ５組10名）。

3　沖縄文化を楽しもう！

OKINAWAまつり
5月21日（土）・5月22日（日）
代々木公園イベント広場

お出かけするなら、今年で５回目となるOKINAWAまつりがおすすめ。沖縄出身のアーティストやお笑い芸人によるステージ、エイサー（踊りながら町を練り歩く沖縄や奄美の伝統芸能）などのアトラクション、さまざまな団体によるブース出展など、沖縄を丸ごと楽しめるイベントだ。もちろん、おいしい沖縄料理も味わうことができるよ。

4　ひと月限りの夢の世界

生誕300年記念
若冲展
4月22日（金）～5月24日（火）
東京都美術館

18世紀の京都で活躍した画家・伊藤若冲《じゃくちゅう》の生誕300年を記念した展覧会が開催される。初期から晩年までの代表作約80点が展示され、なかでも「釈迦三尊像」３幅と「動植綵《どうしょくさい》絵《え》」30幅が東京で一度に見られるのは今回が初めて。31日間という短い開催期間ではあるが、大胆な構図と繊細な描写が見る者を圧倒する若冲の世界を体験してほしい。

5　ルノワールの全貌に迫る

オルセー美術館・オランジュリー美術館所蔵
ルノワール展
4月27日（水）～8月22日（月）
国立新美術館

柔らかな筆致と明るい色彩が特徴で多くの人を魅了し続けている、フランス近代絵画の巨匠・ルノワール。世界有数のルノワールコレクションを誇るオルセー美術館とオランジュリー美術館から、絵画・彫刻・デッサン・パステルなど100点以上が来日。最高傑作と名高い《ムーラン・ド・ラ・ギャレットの舞踏会》は日本初公開だよ（Ｐ５組10名）。

6　人気作品初の展覧会！

美少女戦士セーラームーン展
4月16日（土）～6月19日（日）
六本木ヒルズ展望台
東京シティビュー内 スカイギャラリー

90年代に一世を風靡《ふうび》し、原作漫画の連載終了から19年経ったいまもなお多くのファンを持つ人気作品『美少女戦士セーラームーン』の展覧会が六本木ヒルズ展望台東京シティビュー内スカイギャラリーで開催される。原作者の武内直子氏による原画作品を多数展示するほか、90年代のアニメ資料やかわいい人気グッズなど、充実した内容が魅力だ。

1 馬具（真田信繁所用）享禄四年（1531）京都 豊国神社 所蔵 東京会場：5/10～5/22 展示（会期中に一部展示品の入れ替えがあります。） **2**《ケイロンによるアキレウスの教育》後1世紀　ナポリ国立考古学博物館蔵 ©ARCHIVIO DELL'ARTE - Luciano Pedicini / fotografo　**4**《花鳥版画 鸚鵡図》紙本 多色摺 直径 26.5cm 明和8年（1771年）公益財団法人 平木浮世絵財団　**5**《ムーラン・ド・ラ・ギャレットの舞踏会》 1876年 油彩／カンヴァス　オルセー美術館 ©Musée d'Orsay, Dist. RMN-Grand Palais / Patrice Schmidt / distributed by AMF

招待券プレゼント！ Ｐマークのある展覧会・イベントの招待券をプレゼントします。69ページ「学習パズル」にあるQRコードからご応募ください。（応募締切2016年5月15日）。当選の発表は賞品の発送をもってかえさせていただきます。

Success15 fifteen Back Number

サクセス15 バックナンバー好評発売中!

2016 4月号

大学で国際教養を身につけよう

読むと前向きになれる本

SCHOOL EXPRESS 開成

FOCUS ON 神奈川県立多摩

2016 3月号

読めばバッチリ 高校入試の案内板

2015年を振り返る ニュースの時間

SCHOOL EXPRESS 慶應義塾高

FOCUS ON 神奈川県立光陵

2016 2月号

いよいよ本番! 高校入試総まとめ

中学生のための 検定ガイド

SCHOOL EXPRESS 千葉県立東葛飾

FOCUS ON 中央大学附属

2016 1月号

過去問演習で ラストスパート

サクラサク 合格必勝アイテム

SCHOOL EXPRESS 東京都立日比谷

FOCUS ON 法政大学高

2015 12月号

世界にはばたけ! SGH大特集

苦手でも大丈夫!! 国・数・英の楽しみ方

SCHOOL EXPRESS 埼玉県立浦和

FOCUS ON 中央大学高

2015 11月号

高校受験 あと100日の過ごし方

サクセス編集部セレクション シャーペン・ザ・ベスト10

SCHOOL EXPRESS 東京都立国立

FOCUS ON 國學院大學久我山

2015 10月号

社会と理科の 分野別勉強法

図書館で、 本の世界を旅しよう!

SCHOOL EXPRESS 東京都立戸山

FOCUS ON 明治大学付属中野

2015 9月号

どんな部があるのかな? 高校の文化部紹介

集中力が高まる 8つの方法

SCHOOL EXPRESS 神奈川県立横浜翠嵐

FOCUS ON 中央大学杉並

2015 8月号

夏休み レベルアップガイド

作ってみよう! 夏バテを防ぐ料理

SCHOOL EXPRESS 早稲田大学本庄高等学院

FOCUS ON 法政大学第二

2015 7月号

参加しよう 学校説明会etc

中学生のための手帳活用術

SCHOOL EXPRESS 東京都立西

FOCUS ON 青山学院高等部

2015 6月号

キミもチャレンジしてみよう 高校入試数学問題特集

一度は行ってみたい! 世界&日本の世界遺産

SCHOOL EXPRESS 慶應義塾志木

FOCUS ON 公立高校 東京都立富士

2015 5月号

先輩教えて! 合格をつかむための13の質問

数学っておもしろい! 数の不思議

SCHOOL EXPRESS 早稲田大学高等学院

FOCUS ON 公立高校 神奈川県立湘南

2015 4月号

国立・公立・私立 徹底比較2015

東大生オススメブックレビュー

SCHOOL EXPRESS 早稲田実業学校高等部

FOCUS ON 公立高校 神奈川県立横浜緑ケ丘

2015 3月号

もっと知りたい! 高大連携教育

宇宙について学べる施設

SCHOOL EXPRESS 国際基督教大学高

FOCUS ON 公立高校 茨城県立土浦第一

2015 2月号

受験生必見! 入試直前ガイダンス

2014年こんなことがありました

SCHOOL EXPRESS 昭和学院秀英

FOCUS ON 公立高校 東京都立青山

2015 1月号

学年別 冬休みの過ごし方

パワースポットで合格祈願

SCHOOL EXPRESS 慶應義塾湘南藤沢

FOCUS ON 公立高校 千葉県立千葉東

これより前のバックナンバーはホームページでご覧いただけます(http://success.waseda-ac.net/)

How to order バックナンバーのお求めは

バックナンバーのご注文は電話・FAX・ホームページにてお受けしております。詳しくは80ページの「information」をご覧ください。

＜コーナー名＞

＜本文中記事＞

～サクセス18のご紹介～

サクセス18は早稲田アカデミーが創った現役生難関大学受験専門塾です。

だからサクセス18は伸びている。

☑いつでも気軽に質問や相談ができる環境　☑高い合格率、難関大合格も夢じゃない　☑少人数参加型授業

	サクセス18	
1クラスの人数	**ちょうど良い人数だから学力が伸びる！**	先生が生徒の顔・名前・志望校・成績などをしっかり把握でき、楽しく競争できるちょうど良い人数で授業します。（1クラス平均15名程度）
授業・講師の特色	**参加型授業！先生にどんどん質問できる！**	発問や演習を織り交ぜる参加型授業で皆さんを授業に引き込みます。また先生と生徒の距離が非常に近いので、わからない点は気兼ねなく質問できます。授業では「わかる」はもちろん「解ける」力を身に付けます。
やる気・明るさ	**やる気が出るから学力が伸びる！**	生徒のやる気を引き出すことを重要視しており、各種テストの成績優秀者の掲示、講師からの声掛け、授業内でのコメント等を総合的に活用し、楽しく競いあえる雰囲気を演出し、生徒のやる気を引き出します。また明るいあいさつも特徴です。
学習管理と進路指導	**勉強から進路まで担当の先生が面倒を見ます！**	学習管理、進路指導は実際に授業を担当している講師が行う。これによって、一人ひとりの学力特性を把握した、奥の深い学習管理（指示）や進路指導が可能となり、高い合格率を生む一因となっています。
定期試験対策	**学校のテストでも1番を目指そう！**	学校の成績を重視しており、各種定期試験対策や各学校の過去問研究も盛ん。F.I.T.と呼んでいる個別進度対応型の演習講座で各学校の進度に応じた教材を提供、指導しています。

●2016年度 大学入試合格体験記

東京大学［理科Ⅰ類］合格

慶應義塾大学［理工学部・経済学部］、早稲田大学［創造理工学部］、上智大学［理工学部］、東京理科大学［工学部］

竹内 虎輔（国立筑波大附属駒場高校）

早稲アカの６年間 ―後編・高校３年間―

早稲アカに通い始めたのは中学１年間の時で、高校受験部の先生方のおかげで筑駒に合格しました。白濱先生の勧めもあり、そのままサクセス18に入塾しました。中学生のときはたまたま入塾しましたが、今回は国立大学を目標とした上で入塾しました。高校１年のときには梅田先生に英語を教わり、英語だけでなく自分の進路についてもしっかり考えるきっかけとなりました。このとき第一志望を東京大学理科Ⅰ類と決めました。高校２年生では物理・化学も受講し、理科の基礎を固めました。高校３年では２次試験で必要な科目を受験して実力をつけるようにしました。夏休みは主に２次対策をして、センター社会（倫理）は11月くらいから隙間の時間にやりました。また、毎週の東大必勝はより効果的な対策となりました。夏と冬の合宿では東京だけでなく福岡の仲間とも知り合い、楽しかったです。センター試験後、自分に必要な分野の直前特講を受験しつつ、テストやゼミや私大を受けて東大２次を迎えました。試験のときはただやり切ることしか考えませんでした。結果として、幸いにも東大に合格できました。この合格は６年間通った早稲アカに支えられていると思います。この６年間教えてくださった先生方にとても感謝しています。これから大学生として前へ進んでいきたいと思います。

早稲田大学［法学部］合格

早稲田大学［教育学部］、立教大学［経営学部・法学部］、法政大学［法学部］、学習院大学［経済学部］、明治学院大学［法学部］

松本 彩華（私立淑徳与野高校）

自然と勉強するようになる環境

「早慶の法学部に行きたい」と思っていましたが、成績が全く伴っていなかった私は、中3の時にサクセス18池袋校に入塾しました。周りは予備校に通っている人が多かったけれど、私は自分で管理して勉強をすることができないので、きちんと学習管理まで先生が指示をしてくださるサクセス18を選びました。サクセス18は少人数なので、一人一人を先生がきちんと見てくださったので、とてもよかったです。また、塾でも友達ができたので、一人で勉強するよりも、同じ目標を持った仲間と切磋琢磨できた環境がモチベーションの維持に繋がりました。夏休みの合宿も、行かなければ私はきっと家でだらだらしていたので、一日中強制的に勉強するという環境はとてもよかったです。そして、夏期合宿が長時間勉強するきっかけになりました。単語もテストがなければ自主的にはできなかったと思いますが、サクセス18では毎週単語テストが授業であったので、受験直前期でやることが多くなって忙しい時期に、単語を覚えることに時間を割かずに済んだので、小テストの存在に感謝しました。サクセス18では先生が細かくやるべきことを具体的に指導してくださり、課題の進捗状況を毎週サクセスダイアリーを用いて確認してくれたので、取り組みやすく、なにをすればいいのか迷うことはありませんでした。先生のおっしゃったことを行うだけで成績はどんどん向上しました。いつしか、自然と勉強する習慣が身についていたと思います。憧れの第一志望校に合格できたのは、サクセス18の先生方が至るところでサポートしてくれたおかげです。本当にありがとうございました。

上智大学［総合人間科学部］合格

武蔵野大学［看護学部］、東京慈恵医科大学［医学部］、北里大学［看護学部］、聖路加国際大学［看護学部］、聖徳大学［看護学部］、東京医療保健大学［東が丘・立川看護学部］

石川 颯（私立日の出学園高校）

サクセス１８を塾に選んで

私は小学校から高校まで内部進学だったので高校生になるまで本気で勉強に取り組んだことはありませんでした。高校１年生の時サクセス１８に入塾したけれど、目標ももたずにただ授業を受けていただけでした。しかし、サクセス１８の授業を受けていくにつれて、このままではだめだなと思い、まず苦手だった英語を克服していこうと思いました。サクセス１８の先生が授業とは別に添削をしてくださいました。そのおかげで徐々に英文が読めるようになっていきました。私は英語だけでなく勉強をすることがだんだん好きになっていきました。今まで本気で勉強したことがなかった私が行きたい大学のために本気で勉強しようと思いました。授業で毎回行われる単語テストや小テストのおかげでしっかりと基礎をつけることができましたし、周りの人たちからたくさんの刺激を受けることができました。そして受験でつらいときも先生たちの言葉に支えられ、今までやっていけることができました。サクセス１８に入塾したことは私にとって良い選択肢だったと思います。本当にありがとうございました。

池袋校	03-3986-7891	大泉学園校	03-5905-1911	調布校	042-482-0521	大宮校	048-641-4311
御茶ノ水校	03-5259-0361	荻窪校	03-3391-2011	たまプラーザ校	045-903-1811	所沢校	04-2926-2811
渋谷校	03-3406-6251	国分寺校	042-328-1941	新百合ヶ丘校	044-951-0511	志木校	048-476-4901

医歯薬専門予備校46年の伝統と実績

医学部完全合格136名!!

医学部受験個別相談会 4/16（土）無料　4/17（日）予約制　高1～高3 無料

体験授業 4/18（月）～23（土）高1～高3 無料

医学部専門個別指導 Medical 1 メディカル・ワン

早稲田アカデミー教育グループ

医歯薬専門予備校

野田クルゼ

〈御茶ノ水〉

資料請求・お問い合わせ・各種お申し込みはお気軽にこちらへ

現役校 Tel 03-3233-6911（代） Fax 03-3233-6922 受付時間 13:00~22:00

本校 Tel 03-3233-7311（代） Fax 03-3233-7312 受付時間 9:00~18:00

野田クルゼの最新情報はホームページでもご確認いただけます。　野田クルゼ　検索

Success15

From Editors

新学期が始まりました。中1のみなさん、ご入学おめでとうございます。中2、中3のみなさん、新しい学年のスタートは順調ですか。

私は学生のころ、新学期になるとクラス替えが憂うつでした。仲のいい子と違うクラスになったら、新しいクラスになじめなかったらと不安だったからです。でもいま振り返ると、クラス替えでそれまであまり話したことがない子と話してみたら、意外な共通点が見つかって一気に仲良くなった、というようなことがありました。そうしてできた友だちとは、いまでも会えば当時の話で盛りあがります。みなさんも新しい友だちをたくさん作って、勉強に行事に、充実した1年を送ってください。（S）

5月号

Next Issue 6月号

Special 1

難関校の記述問題に挑戦！

Special 2

頭を柔軟にして考えてみよう

SCHOOL EXPRESS

お茶の水女子大学附属高等学校

FOCUS ON

神奈川県立希望ケ丘高等学校

※特集内容および掲載校は変更されることがあります

Information

『サクセス15』は全国の書店にてお買い求めいただけますが、万が一、書店店頭に見当たらない場合は、書店にてご注文いただくか、弊社販売部、もしくはホームページ（右記）よりご注文ください。送料弊社負担にてお送りします。定期購読をご希望いただく場合も、上記と同様の方法でご連絡ください。

Opinion, Impression & etc

本誌をお読みになられてのご感想・ご意見・ご提言などがありましたら、ぜひ当編集室までお声をお寄せください。また、「こんな記事が読みたい」というご要望や、「こういうときはどうしたらいいの」といったご質問などもお待ちしております。今後の参考にさせていただきますので、よろしくお願いいたします。

サクセス編集室お問い合わせ先

TEL : 03-5939-7928　　FAX : 03-5939-6014

高校受験ガイドブック 2016 5 サクセス 15

発行　2016年4月15日　初版第一刷発行
発行所　株式会社グローバル教育出版
〒101-0047 東京都千代田区内神田 2-4-2
ＴＥＬ　03-3253-5944
ＦＡＸ　03-3253-5945
http://success.waseda-ac.net
e-mail　success15@g-ap.com
郵便振替　00130-3-779535
編集　サクセス編集室
編集協力　株式会社 早稲田アカデミー